Bibliografische Information der Deutschen Nationalbibliothek:

Die Deutsche Nationalbibliothek verzeichnet diese Publikation in der Deutschen Nationalbibliografie; detaillierte bibliografische Daten sind im Internet über http://dnb.d-nb.de abrufbar.

Impressum:

Copyright © 2014 ScienceFactory

Ein Imprint der GRIN Verlags GmbH

Druck und Bindung: Books on Demand GmbH, Norderstedt, Germany

Coverbild: pixabay.com

Rituale in der Kindheit

Wie Gewohnheiten helfen, das Leben zu meistern

Warum Rituale in der Kindheit wichtig sind 7
Einleitung 9
Klärung des Begriffs „Ritual" 9
Rituale in der Kindheit 11
Rituale im Kindergartenalltag 12
Fazit 16
Literatur 17

Kinder und Rituale 19
Einleitung 21
Rituale – Definition und Funktionen 22
Kinder und Rituale 27
Zusammenfassung und Fazit 40
Literaturverzeichnis 43

Rituale für Kinder: Ein pädagogisch wertvolles Hilfsmittel 47
1. Teil 49
2. Teil 59
Quellenangabe 66
Anhänge 67
Diagramme 76
Eltern- / Erzieherbrief 79
Vorlage Fragebogen Kinder 80
Vorlage Fragebogen Erzieher 83
Vorlage Fragebogen Eltern 86

Rituale und Regeln 89
Einleitung 91
Rituale 92
Regeln 100
Interview zu Ritualen und Regeln in der Schule 108
Resümee 109
Quellen 111
Anlage 112

Rituale und Zeremonien als soziokulturelles Gut **113**
    Einleitung 115
    Vorgehensweise 115
    Definition und Wortgeschichte 116
    Ritual, Ritus, Ritualisierung, Ritualismus 118
    Ritual und Symbol 119
    Ritual und Religion 120
    Ritual als Form der Kommunikation und Mittel zur Bewältigung von
    Allgemeinheiten und Besonderheiten im Alltag 120
    Rituale im Gesundheitswesen 122
    Übergangsriten 124
    Entritualisierung oder Renaissance der Rituale? 126
    Zusammenfassende Schlussbetrachtung 127
    Literaturverzeichnis 129

Warum Rituale in der Kindheit wichtig sind

Von Carina Groth, 2009

Einleitung

Was machen Rituale aus und wozu dienen sie? Was genau ist ein Ritual? Diese Fragen werde ich im ersten Teil meiner Arbeit klären. Zunächst werde ich den Begriff Ritual klären und gehe dabei auf die Ansichten von Arnold van Gennep und Lorelies Singerhoff näher ein.

Im nächsten Teil geht es um die Rituale in der Kindheit. Hier gibt es viele rituelle Handlungen und Abläufe, die zu bestimmten Ereignissen stattfinden (z.B. Namensgebung, Einschulung, die „Gutenachtgeschichte"). Aber was bedeuten Rituale für Kinder? Viele Abläufe nehmen in der Kindheit rituellen Charakter an, sei es durch die Erwachsenen vorgegeben oder durch die Kinder, die sich selbst oft ihre eigenen kleinen Rituale schaffen. Warum das so ist und warum Rituale so wichtig für Kinder sind, werde ich im Folgenden beschreiben. Dabei gehe ich auf die verschiedenen Entwicklungsbereiche ein, die im Kindergarten auch durch Rituale gefördert werden. Mit Hilfe von rituellen Handlungssequenzen können nämlich unterschiedliche Fähigkeiten bei Kindern sensibilisiert und ausgebaut werden. Hierzu finden sich dann im weiteren Verlauf meiner Arbeit zwei Praxisbeispiele aus dem Alltag in Kindertageseinrichtungen. Zunächst wird der „Morgenkreis" als Beispiel angeführt, den man in den meisten Einrichtungen für Kinder fndet. Da ich während meiner Ausbildung zur Erzieherin und auch später wieder in einem Montessori-Kinderhaus gearbeitet habe, stelle ich die Stille-Übung vor, die ich für ein gutes Beispiel einer rituellen Handlungssequenz sehe.

Klärung des Begriffs „Ritual"

In einer Gesellschaft wechselt jedes Individuum im Laufe seines Lebens von einer Altersstufe zur nächsten. Dabei ist der Übergang von einer Gruppe zur anderen durch spezielle Handlungen, die bei tribalen Kulturen in Zeremonien eingebettet sind, gekennzeichnet. Übergänge von einer Gruppe zur anderen oder von einer sozialen Situation zur anderen sind notwendig im Leben bzw. von Natur aus vorgegeben und gehören dazu, wie beispielsweise die Geburt, soziale Pubertät, Elternschaft, Aufstieg in eine höhere Klasse, Tätigkeitsspezialisierung. Solche Ereignisse haben immer eine Anfangs- und eine Endphase, zu denen Zeremonien mit einem identischen Ziel gehören. Das Individuum wird aus einer genau definierten Situation in eine andere, auch genau definierte Situation hinübergeführt. Durch das Gelangen von einer Etappe zur nächsten und das Überschreiten von Grenzen, verändert sich das Individuum. Diese Abläufe im

Leben richten sich nach und gleichen den Abläufen in der Natur, wovon weder das Individuum, noch die Gesellschaft unabhängig sind. So wirken sich auch die rhythmischen Veränderungen des Universums auf das Leben eines jeden Individu- ums und der Gesellschaft an sich aus. Beispiele hierfür sind der Übergang von einer Jahreszeit zur anderen oder von einem Jahr zum anderen. (vgl. van Gennep 1981, S. 13 – 16)

Arnold van Gennep beschreibt eine besondere Kategorie der Übergangsriten („rites des passages"). Diese unterteilen sich in Trennungsriten („rites de separation"), Schwellen- bzw. Umwandlungsriten („rites de marge") und Angliederungsriten („rites d'agregation").

Übergangsriten erfolgen also, theoretisch zumindest, in drei Schritten: Trennungsriten kennzeichnen die Ablösungsphase, Schwellen- bzw. Umwandlungsriten die Zwischenphase (die Schwellen- bzw. Umwandlungsphase) und Angliederungsriten die Integrationsphase. Diese drei Phasen sind jedoch nicht in allen Kulturen oder in allen Zeremonialkomplexen gleich stark ausgebildet. (van Gennep 1981, S. 21)

Bei Bestattungen finden sich dementsprechend vorwiegend Trennungsriten, bei Hochzeitszeremonien Angliederungsriten und bei einer Schwangerschaft oder Verlobung beispielsweise kommen vor allem Umwandlungsriten vor. Diese dreigliedrige Struktur der Übergangriten kann sich in manchen Fällen noch weiter differenzieren. Arnold van Gennep beschreibt hier beispielsweise die Zeit des Verlobtseins, die einen Übergang von der Adoleszens zum Verheiratetsein darstellt. Dabei finden sowohl beim Übergang von der Adoleszens zum Verlobtseins, als auch beim Übergang vom Verlobtsein zum Verheiratetsein verschiedene Trennungs-, Umwandlungs- und Angliederungsriten statt. (vgl. van Gennep 1981, S.21)

Lorelies Singerhoff beschreibt Übergänge von einer Lebensphase in eine andere als Scheidepunkte. Die Entwicklung eines Individuums ist danach in verschiedene Richtungen möglich. Solche Scheidepunkte sind von rituellen Handlungen begleitet, um zu versinnbildlichen, was geschieht, d.h. das etwas abgeschlossen wird und etwas Neues beginnt.

Für Übergänge muss ein Individuum jedoch offen sein und sich darauf einlassen, da die Auswirkungen misslungener Übergänge krank machen können (z.B. Depressionen). In unserer Gesellschaft, die danach strebt, alles kontrollieren und lenken zu können, haben wir auf viele Übergangssituationen keinen Einfluss. So fällt es vielen Menschen schwer, sich darauf einzulassen und sich an die neue Begebenheit zu gewöhnen. Rituale sind bei vielen Übergangssituationen sehr wichtig. (vgl. Singerhoff 2006, S. 59)

„Rituale erleichtern diese Erfahrung und stützen den Menschen in seiner Entwicklung." (Singerhoff 2006, S. 59)

Rituale in der Kindheit

Auch und besonders im Kleinkindalter findet man eine ganze Reihe von Riten, welche das Kind von einer Lebensphase zur nächsten begleiten.

Der wichtigste Übergang ist erst einmal der Übergang aus dem „Nichts" ins Leben, also von der Zeugung bis zur Geburt. Weitere Übergänge, die auch von Ritualen begleitet werden, sind die Phasen vom Säugling zum Kleinkind, vom Kleinkind zum Kindergartenkind, vom Kindergartenkind zum Schulkind usw. Diese Übergänge werden von rituellen Handlungen begleitet und helfen dem jeweiligen Individuum sich in dem neuen Lebensabschnitt zurechtzufinden. Beispiele hierfür sind der Eintritt in den Kindergarten und später in die Schule, wobei die Einschulung meist in einem größeren Rahmen geschieht. (vgl. Singerhoff 2006, S. 59)

Arnold van Gennep führt zu diesen Übergängen weitere Beispiele an:

Das Schema der Kindheitsriten umfaßt [...] folgende Riten: Zertrennung der Nabelschnur; Besprühen und Baden des Kindes; Abfallen der vertrockneten Nabelschnur; Namengebung; erster Haarschnitt; erste Mahlzeit im Familienkreis; erstes Zahnen; erstes Laufen; erstes Verlassen des Hauses; Beschneidung; erstes Anlegen geschlechtsspezifischer Kleidung usw. (van Gennep 1981, S. 67)

Weiter geht Gennep auf den Ritus der Namensgebung ein, die als Angliederungsritus gesehen werden kann. Dabei wird das Kind auf der einen Seite individualisiert und auf der anderen gleichzeitig in eine soziale Gemeinschaft aufgenommen. Bei der Taufe, die früher als Trennungsritus bzw. als Reinigungs- und Befreiungsritus gesehen wurde, sollte der Getaufte von der früheren profanen oder unreinen Welt gelöst werden. Hierbei weist van Gennep jedoch darauf hin, dass man bei der Interpretation dieses Rituals vorsichtig sein sollte. Denn, wenn die Taufe mit geweihtem Wasser statt gewöhnlichem Wasser vollzogen wird, kann es auch die Funktion eines Angliederungsritus haben. Somit würde der Getaufte auch etwas hinzugewinnen und nicht nur etwas verlieren. (vgl. van Gennep 1981, S. 69)

Rituale in der Kindheit sind kulturell unterschiedlich. In der christlichen Tradition durften gefährdete Kinder schon im Mutterleib getauft werden, wenn nicht sicher war, ob das Kind lebend geboren wird oder die Geburt eventuell nicht übersteht. Auch werden viele Kinder noch im Taufkleid getauft, das von Generation zu Generation wei- tergegeben wird. Weitere religiös geprägte Rituale in der Kindheit sind Kommunion, Firmung und Konfirmation.

Rituale im Kindergartenalltag

Warum sind Rituale wichtig für Kinder?

Damit ein Kind sich leichter in der Welt zurechtfinden kann, laufen viele Dinge bzw. Handlungen in einer bestimmten Art und Weise ab. Dadurch kommt es zu Abläufen, die rituellen Charakter haben. Ein Beispiel sind die täglichen Mahlzeiten, die zur gleichen Zeit am gleichen Ort eingenommen werden. Diese Regelmäßigkeiten geben dem Kind Sicherheit und auch eine Hilfestellung, sich in der Welt zurechtzufinden. Sie vermitteln Kindern Geborgenheit, Liebe und Zuneigung.

Beobachtet man Kinder, kann man bemerken, dass sie viele Dinge, die sie täglich tun, ganz von alleine in einem immer wiederkehrenden Ablauf tun. Sie entwickeln selbst eine Regelmäßigkeit in bestimmten Situationen und lernen somit ihre Umgebung und die Dinge, von denen sie täglich umgeben sind, besser kennen. (vgl. Biermann 2002, S. 11 – 12)

> *Dadurch, dass Dinge und Handlungen eine Regelmäßigkeit aufweisen, kann man sie leichter aufnehmen, sie leichter verstehen, sie leichter nachvollziehen, sie leichter in sein Leben mit aufnehmen, man kann sich leichter orientieren, man bekommt Mut mitzumachen, es selbst zu tun, denn das, was von einem erwartet wird, ist bekannt. (Biermann 2002, S. 12)*

Damit erleichtern solche Regelmäßigkeiten und immer wiederkehrenden Abläufe unseren Alltag.

Auch in Kindergärten und sonstigen Tageseinrichtungen für Kinder findet man verschiedene Tätigkeiten, die einen immer wiederkehrenden Ablauf haben. Sie sollen auch dort den Kindern helfen, sich in der Einrichtung und der Gruppe zurechtzufinden. So sollen Ängste und Unsicherheiten überwunden werden und neue Verbindungen z. b. in Form von sozialen Kontakten entstehen. Rituelle Handlungen haben somit vor allem auch eine große Bedeutung für das soziale

Verhalten der Kinder.

Diese Rituale im Kindergarten sind positiv bewertet, sie sollen Spaß machen. Das bedeutet, sie gliedern sich vielmehr spielerisch in den Tagesablauf der Kinder ein. Rituale können den Kindern „Halt, Geborgenheit, Freude und Sicherheit geben, sie in der Entwicklung ihrer Sozialkompetenz unterstützen, dazu beitragen, ihnen neue Werte zu vermitteln, [...] sie dazu anleiten [...] ihre Sinne zu gebrauchen, ihre Phantasie anzusprechen [...]." (Biermann 2002, S. 13 – 14)

Rituale sind in den verschiedenen Tageseinrichtungen teilweise unterschiedlich in ihrem Ablauf, da sie immer an die jeweilige Gruppe oder die gesamte Einrichtung und deren Ziele und Bedürfnisse angepasst sind.

Wichtig sind Rituale aber in allen Kindertageseinrichtungen. Durch das bewusste Inszenieren von Zeit und Raum, werden Erlebnisse geschaffen, die das Bewusstsein der Kinder erweitern. So bieten Rituale eine Möglichkeit, Kinder im sprachlichen, kognitiven, emotionalen, motorischen und sozialen Bereich zu fördern. Als Ausgleich zu dem aktiven und anstrengenden Geschehen in der Kindergartengruppe während des freien Spielens, können Rituale, zeitlich und räumlich gelöst vom Gruppengeschehen, für Entspannung sorgen.

Rituale sind in Kindertageseinrichtungen feststehende Handlungssequenzen, die in verlässlicher Art und Weise ablaufen. So können die Kinder sich darauf freuen und das Ritual hat eine emotionale Wirkung. Werden diese mit immer gleichen Sprachmustern bewältigt, wirkt sich dies auch auf die sprachliche Entwicklung der Kinder aus. Rituelle Handlungen stellen Strukturierungshilfen bei der Selbstorganisation des Tagesablaufes dar und wirken damit kognitiv. Sie laufen automatisiert ab, gelten als Ordnung und Orientierung für alle Gruppenmitglieder und wirken sich so auf die soziale Entwicklung der Kinder aus. Die motorische Entwicklung wird gefördert, wenn diese rituellen Handlungssequenzen mit immer gleichen oder ähnlichen motorischen Abläufen bewältigt werden. (vgl. Jackel 1999, S. 17)

Praxisbeispiel: Morgenkreis

Einen Stuhl- oder Sitzkreis, in dem alle Mitglieder einer Gruppe oder Klasse zusammen kommen, fndet sich in den meisten Tageseinrichtungen für Kinder, sei es im Kindergarten, Hort oder Schule, wieder. In den meisten Einrichtungen fndet dieser zu Beginn des Tages statt (Morgenkreis) und stimmt auf den kommenden Vormittag ein.

Zu Beginn eines solchen Morgenkreises steht oft ein Begrüßungslied, das jeden Tag wiederkehrt und somit einen verlässlichen Bestandteil des morgendlichen Ablaufs darstellt. (vgl. Jackel 1999, S. 73) Das Zusammenfinden der Gruppe mit dem gemeinsamen Singen des Liedes hebt sich vom vorherigen Ablauf in der Gruppe ab und kann so als Trennungsritus gesehen werden. Nach solch einem Begrüßungslied wird den einzelnen Kindern meist die Möglichkeit gegeben, etwas zu erzählen oder zu zeigen. Zum Beispiel kann ein „Erzählstein" dazu genutzt werde. Dieser wird reihum weitergegeben und wer ihn in der Hand hält, darf sich mitteilen. Die Kinder werden jedoch nicht dazu gezwungen, sich mitteilen zu müssen. Wer nichts beitragen möchte, kann den Stein z.B. auch einfach dem nächsten Kind weitergeben. Somit wird jedes Kind respektiert, hat aber trotzdem die gleiche Chance, wie alle anderen, am Gruppengeschehen teilzunehmen und muss sich nicht ausgeschlossen fühlen. Bei einer Gruppe, zu der gerade neue Mitglieder gestoßen sind, wird oft ein Kennenlernspiel eingebaut, um die Namen der neuen Mitglieder und die Gruppe an sich spielerisch kennen zu lernen. „Steht zum besonderen Anlaß eines Kindergeburtstages ein Geburtstagsritual an, kann es durchaus hier im Morgenkreis seinen Platz fnden; […] die Geburtstagskerze, das Geburtstagslied, ein von ihm gewünschtes Spiel und/oder sein Lieblingslied […]" finden zum Geburtstag eines Kindes im Kreis der Gruppe statt. (Jackel 1999, S. 75) Alles Dinge, die im mittleren Teil des Morgenkreises stattfnden, sind auch Teil der Zwischenphase bzw. Schwellen- oder Umwandlungsphase.

Der letzte Teil eines Morgenkreises beinhaltet ein Planungsritual, welches die ErzieherInnen nutzen, um die weiteren Angebote oder Vorhaben des Tages anzukündigen und / oder zu besprechen. (vgl. Jackel 1999, S. 76) Dieser Teil kann als Angliederungsritus oder Integrationsphase gesehen werden, da er in den nächsten Teil des Vormittags einleitet. Anschließend können die Kinder entspannt ins Freispiel gehen oder an geleiteten Angeboten teilnehmen. (vgl. Jackel 1999, S. 76)

Praxisbeispiel: Stille-Übung

Eine der Hauptübungen in der Montessori-Pädagogik sind die Lektionen des Schweigens oder der Stille. Maria Montessori sieht dies als eine selbsttätige kindliche Einübung ins Menschsein. (vgl. Steenberg 1997, S. 190)

Die Stille ist für sie eine Gegebenheit, die entweder die Einsamkeit oder aber die Zustimmung einer Anzahl von Menschen fordert. Dabei wird das Bewusstsein geschult, gemeinsam zu handeln, um ein Ergebnis zu erreichen. Denn wenn einer nicht damit einverstanden ist, bricht die Stille. Soziales Handeln wird hierbei gefordert und gefördert. Ein wichtiger Aspekt bei einer Stille-Übung ist auch die Vorbereitung der Umgebung, der sich in drei Teile gliedert. Die Absicht dabei ist, dass die Stille nicht von einem Erzieher / einer Erzieherin herbeigeführt wird, sondern von den Kindern selbst. Als erstes wird bei der Vorbereitung alles „leer" gemacht, womit das Fortlegen aller Materialien vom Platz gemeint ist und eine Ordnung geschaffen wird. (vgl. Steenberg 1997, S.191) Dieses „Leermachen" kann mit einem Trennungsritus verglichen werden, da hier bewusst eine völlig andere Situation als das freie Spiel der Kinder geschaffen wird. Der zweite Punkt beinhaltet, die eigene Person in Ordnung zu bringen, d.h. eine bequeme Stellung (z.B. Sitzposition) einzunehmen, so dass man sich ganz wohl fühlt und in dieser Position ruhig verweilen kann, ohne sich bewegen zu müssen. Dies schließt den dritten Aspekt mit ein, Bewegungsantriebe zu hemmen bzw. Bewegungen zu kontrollieren, wie z.B. geräuschlose Atembewegungen, bewegungslose Arme und Beine. Um Kindern das Schweigen bzw. still sein zu lehren, beschränkt sich die Erzieherin darauf, dies zu demonstrieren, also es selbst vor zu machen ohne mit Worten zu beschreiben, was die Kinder tun sollen. Die Kinder ahmen diese Haltung nach und nach und nach werden äußere Geräusche immer mehr wahrgenommen, ohne jedoch die innere Stille zu stören. Die Übung kann intensiviert werden, indem der Raum abgedunkelt wird oder die Augen geschlossen werden. So wird die Intensität der Wahrnehmung gesteigert. Die Bedeutung dieser Lektion der Stille oder des Schweigens liegt darin, Kindern Stille erfahrbar zu machen und diese genießen zu können. (vgl. Steenberg 1997, S. 191 ff.) „Der Genuß der Stille besteht im Genuß der Früchte der Konzentration des Geistes – Ausgeglichenheit, Ruhe, Freude und Heiterkeit. Das Gemüt bildet sich heraus. Die Fähigkeit geistiger Wert-Schätzungen als Basis geistiger Bindungsprozesse entwickelt sich." (Steenberg 1997, S. 195)

Nach Montessori führt die Fähigkeit, die Stille zu genießen, über die Verfeinerung von Gehörwahrnehmungen hin zur Öffnung des Geistes. Über die Verfeinerung der Bewegung (Koordination, Gleichgewicht, Kontrolle, Gehorsam, Anmut, Geschicklichkeit) führt sie hin zu spontan auftretender höherer Disziplin, der Freiheit im Sinne der Selbstkontrolle. Insgesamt haben Stille-Übungen eine sensibilisierende Wirkung und fördern die Entwicklung des sozialen, moralischen und religiösen Sinnes. (vgl. Steenberg 1997, S. 195 ff.)

Fazit

In Kindertageseinrichtungen haben viele Handlungen rituellen Charakter, die nicht ausschließlich zur Strukturierung des Tagesablaufs dienen. Sie geben Kindern alswie auch Erziehern Sicherheit. Kinder gewinnen dadurch einen leichteren Überblick über den Tagesablauf und können das Geschehen im Laufe eines Tages auch zeitlich bes- ser einordnen. Beispielsweise orientieren sie sich daran, dass nach dem Morgenkreis gespielt und gefrühstückt werden kann. Ein bestimmtes Signal (z.B. das Läuten einer Glocke) deutet das gemeinsame Aufräumen an und lässt absehen, dass die Kinder bald von ihren Eltern abgeholt werden oder es Mittagessen gibt.

Aus meiner Erfahrung werden rituelle Handlungen im Kindergarten teilweise nur als Regelungen angesehen, woran die Kinder sich strikt halten sollen. Hier werden solche Handlungen manchmal einfach unbewusst übernommen, ohne über den Sinn nachzudenken. Da Rituale aber auch dem Erwerb neuer Fähig- und Fertigkeiten der Kinder dienen, sollte sich bewusst gemacht werden, was als Gewohnheit gesehen werden kann und was ein Ritual ist. Bei einer rituellen Handlung sollten die Teilnehmer dabei in vollem Bewusstsein handeln, was bei der Gewohnheit nicht der Fall ist. Auch sollten die Rituale nicht unbedingt einem starren Ablauf folgen, sondern sich an die Bedürfnisse der Kindergruppe richten. Aus meiner Erfahrung helfen rituelle Handlungssequenzen, wie z.B. der Morgenkreis und auch Stille-Übungen den Kindern, sich im Alltag zurechtzufnden. Sie bilden einen verlässlichen Punkt im Laufe eines Kindergartenvormittages. Sie erweitern das Bewusstsein der Kinder und fördern alle Bereiche ihrer Entwicklung.

Kinder verlassen sich auf diese regelmäßig wiederkehrenden Abläufe, sind enttäuscht, unsicher oder unruhig, wenn diese Handlungen, nicht wie gewohnt ihren Platz im Tagesablauf fnden. Dafür steht auch beispielhaft das abschließende Zitat:

> *Es wäre besser gewesen, du wärst zur selben Stunde wiedergekommen", sagte der Fuchs. „Wenn du zum Beispiel um vier Uhr nachmittags kommst, kann ich um drei Uhr anfangen, glücklich zu sein. Je mehr die Zeit vergeht, umso glücklicher werde ich mich fühlen. Um vier Uhr werde ich mich schon aufregen und beunruhigen; ich werde erfahren, wie teuer das Glück ist. Wenn du aber irgendwann kommst, kann ich nie wissen, wann mein Herz da sein soll ... Es muss feste Bräuche geben. (Antoine de Saint-Exupery)*

Literatur

Van Gennep, Arnold (1986): Übergangsriten. Campus: Frankfurt/Main

Biermann, Ingrid (2002): Rituale machen Kinder stark. Kösel-Verlag: München

Steenberg, Ulrich (1997): Handlexikon zur Montessori-Pädagogik. Kinders: Ulm

Jackel, Birgit (1999): Rituale als Helfer im Grundschulalltag. Borgmann: Dortmund

Singerhoff, Lorelies (2006): Rituale. mvgVerlag: Heidelberg

Kinder und Rituale

Warum sind Rituale für Kinder in der Familie sinnvoll und wichtig?

Von Sandy Brunner, 2007

Einleitung

Heutzutage stellen sich viele Eltern die Frage, wie sie ihren Kindern moralische und ethische Werte vermitteln können in einer von Oberflächlichkeit, Materialismus und Medienkonsum beeinflussten Gesellschaft. Die heutigen gesellschaftlichen Bedingungen sind nicht gerade förderlich für ein harmonisches Familienleben. Die Individualisierung und die Auflösung traditioneller Bindungen führt zu einem Rückgang des öffentlichen Lebens, „... dem eine erhöhte Erwartung an das Private und im speziellen an die familiären Beziehungen in der Kernfamilie folgt." (vgl. Sennet, 1998, S. 189/190; zit. nach Lossin, 2003, S. 19) Wenn sich heute Eltern für ein Kind entscheiden, geschieht dies vorwiegend (im Hinblick auf heutige Verhütungsmöglichkeiten) aufgrund emotionaler Bedürfnisse. Kinder sollen den emotionalen Wunsch erfüllen, den sowohl die Gesellschaft als auch die Partnerschaft häufig nicht mehr erfüllen können. Eltern wollen im Umgang mit dem Kind „...*Fähigkeiten wieder entdecken und Bedürfnisse äußern, die in der technisch-wissenschaftlichen Zivilisation schmerzhaft vermisst werden: Geduld und Gelassenheit, Fürsorglichkeit und Einfühlungsvermögen, Zärtlichkeit, Offenheit, Nähe. (...)"* (vgl. Beck, Beck-Gernsheim, 1990, S. 139; zit. nach Lossin, 2003, S. 28) Die Fähigkeit sich gegenseitig in der Familie Freude, Halt, Trost, Sinn und Identität zu geben, soll die Familie aus sich selbst heraus entwickeln und sich ständig erneuern. Unterstützung bekommt sie von außen in der Regel wenig, sondern wird mit Konkurrenz und Rechtfertigungsnöten konfrontiert. Das Familienleben soll zudem die Wünsche und Gefühle aller Beteiligten berücksichtigen, auch die der Kinder, wodurch ein dauerndes Aushandeln und Diskutieren erforderlich ist. Helfen können hier Rituale. Sie können in einer sich ständig verändernden Gesellschaft Halt und Stabilität bieten. Rituale schaffen in der Familie Gemeinsamkeiten, die im Alltag sonst unter gehen und sie können den Zusammenhalt der Familie stärken. Sie werden in der Familie entwickelt und gepflegt, stehen jedoch im Kontext mit der Kultur und Gesellschaft, in der die Familie lebt. Familienrituale können vielfältig sein und sich auf die kleinsten Handlungen oder Gefühle beziehen. (vgl. Lossin, 2003, S.1-28)

Besonders Kinder brauchen Rituale, um sich in der Welt wohl zu fühlen und in ihr Orientierung zu finden. In einer Zeit, in der der familiäre Alltag auseinander zu laufen droht, geben Rituale Kindern ein Gefühl von Sicherheit, Dazugehörigkeit und Geborgenheit.

In meiner Arbeit möchte ich mich diesbezüglich mit Kindern und Ritualen auseinandersetzen. Von zentralem Interesse ist, warum Rituale gerade für

Kinder sinnvoll und wichtig sind und welche Bedeutung diese sie für haben.

Ein persönliches Interesse an der Thematik Rituale entstand durch das Seminar „Spiritualität im Alltag".

Ich denke, viele Menschen meinen, dass sich hinter Ritualen mystische Elemente verbergen. Doch Rituale sind mehr als Mystik und Feste. Ich möchte gerade jene Leser für das Thema sensibilisieren und informieren, die häufig mit Kindern Umgang haben, wie Eltern, Erzieher oder Pädagogen, denn durch Rituale können kindliche Krisen bewältigt werden, was diese Arbeit zeigen soll.

Der Inhalt der Arbeit gliedert sich in zwei Teile und im Folgenden sollen die einzelnen Teile kurz skizziert werden.

Im **ersten Teil** werde ich auf grundlegende Aspekte zu Ritualen eingehen. Es wir der Begriff Ritual geklärt und von dem Begriff Gewohnheit unterschieden, bevor ich auf die vielseitigen wissenschaftlich begründeten Funktionen von Ritualen eingehe.

Im **zweiten Teil** der Arbeit werden zunächst die Begriffe Familie geklärt. Danach gilt es Rituale in der Familie zu betrachten, insbesondere wie sich die Familie als Entwicklungsort von Ritualen gestaltet. Im Anschluss wird deutlich, warum für Kinder Rituale von Bedeutung sind und es werden einige Beispiele diesbezüglich aufgeführt. Zum Schluss werde ich kurz auf die Grenzen von Ritualen eingehen bevor ich mein Thema mit der Zusammenfassung und dem Fazit beende.

Rituale – Definition und Funktionen

Zu Beginn möchte ich den Begriff „Ritual" klären, da er Hauptbestandteil meiner Arbeit ist und die Grundlage bildet. Bei den Begriffen Familie und Kinder bietet es sich an, diese erst im II. Teil zu definieren.

Was sind Rituale?

> *„Ein Ritual ist eine metaphorische Aussage über die Widersprüche der menschlichen Existenz."* C. Crocker (vgl. Shaughnessy, 1973, S. 43; zit. nach Imber – Black, Roberts, Whiting, 2001, S. 28)

Im Alltag wird der Begriff Ritual relativ problemlos verwendet. Meist werden darunter feierlich-religiöse oder auch weltliche Zeremonien verstanden, die nach einem genau festgelegten Schema vollzogen werden, wie z.b. die Messe, die Krönung eines Königs oder bestimmte Feste wie Weihnachten und Geburtstag.

Wissenschaftlich gesehen, stößt man auf einige Schwierigkeiten, da sich im Laufe der Zeit die Auffassung, was genau unter einem Ritual zu verstehen ist, gravierend geändert hat. Die Definition ist von dem Kontext abhängig, in dem das zu definierende Ritual steht, z.b. ob es sich um biologische, politische oder soziale Rituale handelt.

„Tatsächlich sind Rituale in einer derart großen morphologischen Vielfalt vorhanden und haben derart viele verschiedene Funktionen in menschlichen Gesellschaften, dass die Wissenschaft bis heute keine eindeutige Definition hat finden können." (vgl. Tambiah, 1979, S. 115-16; zit. nach Belliger & Krieger, 2003, S. 173)

Der Begriff Ritual kommt aus den lateinischen von *ritualis* = „den Ritus betreffend". (vgl. http://de.wikipedia.org/wiki/Rituale#Funktionen_des_Rituals)

Ursprünglich bedeutete „Ritual", „Gottesdienst" oder die schriftliche Anweisung dazu. Seit der Jahrhundertwende wird der Ritualbegriff auf symbolische Handlungen ganz allgemein angewandt. Wenig gegenwärtige Ritualtheorien haben noch mit Religion zu tun. Das Wort „Religion" kommt zwar in heutigen Analysen noch immer vor, aber spezifische Riten und das Ritual im Allgemeinen werden kaum noch als ausschließlich religiöse Phänomene betrachtet. (vgl. Belliger & Krieger, 2003, S. 7)

Laut Kaiser (2001) sind Rituale ganz allgemein betrachtet, besonders sozial gestaltete situative und aktionale Ausdrucksformen von Kultur. *„Sie sind geschlossene Erlebnisse, die durch wiederholende Handlungen, einen erkennbaren szenischen Aufwand und eine Aufmerksamkeit für Details im Ablaufgeschehen wie auch der räumlichen Kontextgestaltung eines Rituals zum Ausdruck kommen."* (zit. nach Kaiser, 2001 in http://astrid-kaiser.de/lehre/veranstaltungen/ritualesu.php)

Das Ritual erzeugt einen gemeinsamen Bezugspunkt, der die teilnehmenden Individuen als Einheit zusammenfasst, die aus Sicht der jeweiligen Ritualisten unverzichtbar sind. Sie haben einen symbolischen Charakter und eine interaktive Dimension. (vgl. Kaiser, 2001 in http://astrid-kaiser.de/lehre/veranstaltungen/ritualesu.php)

Des Weiteren ist ein Ritual „*...eine (aufmerksam vollzogene) Sequenz von verbalen und/oder nonverbalen Äußerungen und Handlungen symbolischen Gehalts ....*" (zit. nach Kaiser, 2001 in http://astrid-kaiser.de/lehre/veranstaltungen/ritualesu.php) Die vielschichtige Bedeutung eines Rituals kann nicht einfach und in jeder Beziehung auf andere Weise wiedergegeben werden, sondern es wird bestimmt in Entwurf und Ausführung durch eine Leitidee. Es umfasst, sowohl festgelegte und unveränderlich als auch variable, jeweils konkret auszugestaltende Elemente. (vgl. Kaiser, 2001 in http://astrid-kaiser.de/lehre/veranstaltungen/ritualesu.php)

Es gibt viele verschiedene Arten von Ritualen doch bisher gibt es keine allgemeine Einteilung. Es werden in der Gesellschaft unterschiedliche soziale Praktiken als Ritual oder Ritualisierung bezeichnet. Laut Fuchs-Heinritz (1995) wird unter Ritualisierung die aktive „*...Verfestigung von Verhaltens-, Mitteilungs- und Ausdrucksweisen...*" verstanden. (vgl. Fuchs-Heinritz, 1995, S.566; zit. nach Lossin, 2003, S. 5)

Neben Zeremonien, Magien, Liturgien, Feiern und Anstandregeln lassen sich je nach Anlass unterscheiden: Übergangsrituale/Jahreszeiten-Rituale, Intensifikationsrituale / Rebellionsrituale, religiöse Rituale/profane (oder säkulare) Rituale. (vgl. Grimes, 1995 in Krieger, 2003, S. 119)

Aus welcher wissenschaftlichen Perspektive Rituale auch betrachtet werden, gemeinsam ist ihnen, dass sie nach ganz bestimmten Regeln ablaufen, häufig über einen längeren Zeitraum gleich bleiben und im engen Zusammenhang mit Traditionen stehen. Rituale können auch ihren Sinn verlieren, in einer sich schnell verändernden Gesellschaft, wenn sie nicht mit neuem Sinn gefüllt werden oder sie können ganz verloren gehen bzw. werden leere Handlungen, die niemanden etwas bedeuten. (vgl. Kaufmann – Huber, 1995, S.10)

Es muss deshalb zwischen Gewohnheiten und Ritualen unterschieden werden.

> *„Als Gewohnheit (auch Usus, lat. Uti – gebrauchen) wird eine unter gleichartigen Bedingungen reflexhaft entwickelte Reaktionsweise bezeichnet, die durch Wiederholung stereotypisiert wurde und beim Erleben gleichartiger Situationsbedingungen wie „automatisch" nach dem selben Reaktionsschema ausgeführt wird, wenn sie nicht bewusst vermieden oder unterdrückt wird."*
> *(zit. nach http://de.wikipedia.org/wiki/Gewohnheit)*

Wenn Gewohnheiten in einer besonderen Weise zelebriert werden oder eine emotionale Bedeutung erlangen, werden sie zu Ritualen. (vgl. Basle`& Maar, 1999, S.19 in Lossin, 2003, S.5) Der Fokus liegt somit auf der Sinngebung der Handlung.

Welche Funktionen haben Rituale?

Rituale haben verschiedene Funktionen, die von zahlreichen Wissenschaftlern, wie Soziologen, Anthropologen, Psychoanalytikern, Religionsphilosophen, Pädagogen usw. hervorgehoben worden sind.

Im Folgenden möchte ich auf einige theoretische Funktionen von Ritualen eingehen. Die unterschiedlichen Ritualtheorien werden aus systematischen Gründen nicht in ihrer ganzen Komplexität und Ausführlichkeit, sondern nur selektiv angesprochen.

Die **soziologischen Ritualtheorien** heben hervor, „...das Rituale solidarisierend, kontrollierend, hierarchisierend, stabilisierend, rebellierend sind. Ihr Zeremoniell, ihr Einüben, ihre Öffentlichkeit und Theatralität dienen dazu, die Gemeinschaft über das Individuum zu stellen und zugleich zu überholen." (zit. nach Caduff / Pfaff-Czarnecka, 1999, S. 26)

Nach Durkheims (1981) These gibt es eine natürliche Tendenz, wann immer Menschen zusammenkommen, ihre Handlungen aufeinander abzustimmen, zu koordinieren, zu standardisieren und zu wiederholen, dieses sei die ursprüngliche Form des Rituals. Diese Art des gemeinsamen Handelns erzeugt ein Gefühl der Teilnahme an etwas Überindividuellen, etwas Transzendenten. Durkheim geht davon aus, dass Menschen ihre individuelle Identität durch das gemeinsame Handeln beim Ritual teilweise aufgeben und in einer *„Gruppenidentität"* aufgehoben werden. Nach Durkheim bezeichnen die Symbole im Ritual, das Gefühl der Teilnahme und repräsentieren die Existenz und die Solidarität der Gemeinschaft. (vgl. Durkheim, 1981 in Belliger & Krieger, 2003, S.15)

Demnach sind Rituale Bündnisse. Sie reflektieren und stützen eine soziale Ordnung und markieren spezifische Verknüpfungen des sozialen Umfeldes. (vgl. Hallowell, 1941 in Imber – Black, Roberts, Whiting, 2001, S. 31)

Nach Comstock (1972) wurde innerhalb von Gruppen das Ritual als stabilitätsfördernd angesehen, „...als ein kontrollierter Sicherer Ort, an dem man persönliche und soziale Probleme lösen und zeitübergreifende soziale Strukturen bestätigen kann." (vgl. Comstock, 1972; zit. nach Imber – Black, Roberts, Whiting, 2001, S. 31)

Laut Davis (1984) sind Handlungskomponente von Ritualen ganz besonders wichtig, „...da sie nicht **über** Rollen, Regeln, Beziehungen und Weltbilder sprechen, sondern **in** Rollen, Regeln, Beziehungen und Weltbildern, während sich diese Elemente im Ritual wandeln." (vgl. Davis, 1984; zit. nach Imber – Black, Roberts, Whiting, 2001, S.28)

Laut Bergesen (1984) haben Rituale einen großen Anteil an der persönlichen Identitätsbildung, „ ... indem z.b. Sprechhandlungen ritualisiert werden, um die persönliche Identität in einem klar umgrenzten Milieu zu bestätigen." (vgl. Bergesen, 1984 in Belliger & Krieger, 1998, S. 49 ff.; zit. nach Lossin, 2003, S. 8)

Auch die soziale Identität ist nach Goffman (1971) im Wesentlichen von ritualisierenden Interaktionen abhängig. Durch ritualisiertes Handeln wird die soziale Position, Status, Rang und Macht bestätigt und reproduziert. Die soziale Identität ist abhängig von der Bestätigung und der Erfüllung der Rollenerwartung. (vgl. Goffman, 1971 in Belliger & Krieger, 1998, S. 323 ff. in Lossin, 2003, S.8)

Formalistische Theorien heben die Technik der Rituale hervor, d.h. sie untersuchen die Sprache, Symbole, Kommunikation und soziale Pragmatik sowie Performanz oder Dramatisierung. (vgl. Caduff /Pfaff-Czarnecka, 1999, S.26)

Laut Douglas (1966) stellen Rituale einen „Erwartungsrahmen" zur Verfügung, in dem durch den Gebrauch von Wiederholung, Vertrautheit und der Umwelthandlung des schon Bekannten neue Verhaltensweisen, Handlungen und Bedeutungen entstehen können. Auf vergangenen Traditionen basieren gegenwärtige Veränderungen, während zukünftige Beziehungen definiert werden. (vgl. Douglas, 1966, in Imber – Black, Roberts, Whiting, 2001, S.28) Des Weiteren werden durch Rituale symbolische und moralische Grenzen gezogen. Durch die Unterscheidungen zwischen gut und böse, rein und unrein, loyal und subversiv, heilig und profan usw. werden Ordnung und System in die kulturelle Welt gebracht. Rituale ziehen Grenzen und schaffen auf diese Weise Unterschiede, mit welchen sich der Einzelne identifizieren kann. (vgl. Douglas, 1984 in Belliger & Krieger, 1998, S. 77 ff. in Lossin, 2003, S. 8) Rituale *„...erfüllen die Funktion der Kontrolle gesellschaftlicher Tabus und Verbote und dienen der Abwehr von Ängsten."* (vgl. Douglas, 1970; zit. nach Von Kardorff, 2003, III in Lossin, 2003)

Laut Turner (1967) besitzen Rituale die Vieldeutigkeit und Dichte von Symbolen. Sie sind die kleinsten Einheiten eines Rituals und können vielfältige, unterschiedliche Bedeutung haben. Symbole beschreiben das, was nicht in wenigen Worten ausgedrückt werden kann. Ein Netz kann so beispielsweise sowohl als Symbol des Gefangenseins angesehen werden als auch als Sicherheit, so Turner. (vgl. Turner, 1967 in Imber – Black, Roberts, Whiting, 2001, S.28)

Psychologische Theorien heben besonders den angstreduzierenden Anteil von Ritualen hervor. Laut van Gennep (1986) dienen Rituale der Abreaktion von Spannungen. (vgl. Gennep, 1986, S.15 in Caduff / Pfaff-Czarnecka, 1999, S.25)

Laut Scheff (1979) können Rituale für manche Menschen ein Mittel sein um starke Emotionen auszuhalten, wie beispielsweise die ritualisierten Aspekte von Beerdigungen, die dazu dienen können, tiefe Gefühle im Zaume zu halten. (vgl. Scheff, 1979 in Imber – Black, Roberts, Whiting, 2001, S. 35 f.)

Freud (1907) hingegen deutete angstneurotische Zwangshandlungen und Ritualisierungen des Alltags als religiös zeremoniell. Er schrieb ihnen also keine Positive, sondern eine schädliche Funktion zu. (vgl. Freud, 1907, S.130 ff. in Caduff /Pfaff-Czarnecka, 1999, S. 26)

Die psychologischen Theorien sind beliebt, da sie helfen erklären warum in Krisen und Angst machenden Situationen besonders häufig Rituale praktiziert werden. Aufgrund ihrer Angst reduzierenden Funktion, dienen Rituale auch als Therapie und können somit Krisenintervention sein. (vgl. Caduff /Pfaff-Czarnecka, 1999, S. 25)

Rituale haben vielfältige Funktionen. Sie helfen Widersprüche zu lösen, mit Ängsten, Spannungen und Emotionen umzugehen. Es können neue Verhaltensweisen entstehen und das soziale Zusammenleben sowie die Kommunikation und Interaktion werden gefördert. Auch die Entwicklung der persönlichen und sozialen Identität steht im Zusammenhang mit Rituale.

Zusammenfassend kann gesagt werden, dass sich jede Funktion des Rituals im Kern mit der Spannung zwischen Individuum und Gesellschaft beschäftigt.

Kinder und Rituale

In diesen Teil der Arbeit werde ich spezifischer auf die Familie insbesondere auf Kinder eingehen. Zunächst sollen aber die Begriffe Familie und Kinder geklärt werden.

Begriff: Familie

Unter Familie wird in westlichen Kulturkreisen meist die so genannte Kernfamilie verstanden, d.h. Vater, Mutter und deren Kinder. (vgl. http://de.wikipedia.org/wiki/Familie)

Nach Korte/Schäfers ist die Familie eine soziale Gruppe und eine verwandtschaftliche Konstellation, *„...in der sich Ältere um die Erziehung des Nachwuchses über einen längeren Zeitraum bemühen, ..."*. Sie kann als Urform des Gruppenlebens angesehen werden. (zit. nach Korte/Schäfers, 2002, S. 134)

Das Statistische Bundesamt (1995) definiert Familie als *„... Elternpaare bzw. alleinstehende Elternteile zusammen mit ihren im gleichen Hauhalt lebenden ledigen Kindern ..."* (vgl. Statistisches Bundesamt, 1995; zit. nach Lakemann, 2004)

Begriff: Kinder

„Kinder sind eine Altersgruppe, die sich in ihren sozialen Beziehungen zu ihrer Umwelt konstituiert und ein eigenes Element der Sozialstruktur einer Gesellschaft bildet." (zit. nach Nauck, Joos, 1997 in Otto/Thiersch, 2001, S. 927) Häufig wird die Abgrenzung der Altersgruppe „Kinder" von anderen Altersgruppen (Jugendliche, Erwachsene, Alte) beliebig vorgenommen. Meist werden unter „Kindern" allgemein alle minderjährigen Personen subsumiert, d.h. in der Regel Personen unter 14 Jahren. (vgl. Nauck, Joos, 1997 in Otto/Thiersch, 2001, S. 927)

Die Familie als Entwicklungsort

Das Hauptmerkmal des Rituals ist seine Wiederholung und seine Regelmäßigkeit. Es vermittelt den Menschen ein Gefühl von Sicherheit und sozialer Verlässlichkeit. Ein Ritual ist eine Äußerung auf der Metaebene, d.h. es verdeutlicht besondere Ereignisse wie z.B. ein bestimmtes Fest, ein Geburtstag, eine Malzeit usw. . (vgl. Goldbach, 1999, S. 161)

Rituale hatten ursprünglich den Sinn, menschliches Leben zu regeln. Laut Kaufmann – Huber (1995) findet man Rituale häufig an Krisenstellen. Immer wenn Menschen sich auf etwas Neues einstellen müssen, was beängstigend wirkt, durchlaufen Menschen eine Krise. Rituale mussten zum Beispiel in der Urzeit inszeniert werden, weil man Angst hatte die Sonne würde nicht mehr aufgehen. Der Inhalt der Krise war der Wendepunkt von der Nacht zum Tag. Ebenso war es mit den Jahreszeiten, denn mit Fruchtbarkeitsritualen beschwor man die Götter, gutes Wetter zu senden, um eine gute Ernte zu erhalten, denn eine schlechte Ernte konnte den Hungertod bedeuten. Durch die Rituale konnten sich die Menschen von ihren Existenzängsten befreien. In allen Kulturen gibt es

Rituale, denn Rituale sind menschenspezifische Verhaltensweisen. Nach dem Psychologen Jung (1962) handelt es sich tiefenpsychologisch um ein archetypisches Verhalten. (vgl. Jung, 1962 in Kaufmann – Huber, 1995, S. 10 ff.)

Auch im Alltagsleben der Menschen, in der Familie und bei der Erziehung von Kindern haben Rituale eine wichtige Funktion. So können sie in der Familie den Zusammenhalt bzw. das Gefühl der Zusammengehörigkeit stärken und bieten die Möglichkeit, sich im gemeinsamen Handeln zu begegnen, miteinander zu kommunizieren und zu integrieren. (vgl. Goldbach, 1999, S. 161) Es wird bei den Ritualen in der Familie zwischen bewussten und unbewussten Ritualen unterschieden.

-> Bewusste Rituale

Unter bewussten Familienritualen werden die „ ...*nichtalltäglichen Höhepunkte im Wochen- und Jahresablauf der Familie* ..." verstanden. (vgl. Jons, 1997, S.13; zit. nach Lossin, 2003, S. 5) Es sind vorrangig jene die sich aus dem Alltagsleben abheben, z.B. Geburtstags-, Hochzeits-, Oster- oder Beerdigungsrituale.

Die Durchführung von bewussten Familienritualen scheint aber heute immer weniger vorhanden zu sein. Der persönliche Einsatz, das Aufbringen von Zeit und Motivation für die Durchführung von Ritualen, sind im modernen Leben durch Ersatzrituale ausgetaucht worden, die man kaufen kann, ohne Aufwand haben zu müssen. Das allgemeine Klima und die Stärke des Zusammengehörigkeitsgefühls in der Familie sind häufig schon an der Art und Weise, in der Familienfeiern stattfinden erkennbar. Die Individualisierung führt zur Pluralisierung der Familie und duch die Doppelbelastung von Haushalt, Beruf und Kindererziehung der Eltern bzw. der Frau sind Familien immer mehr auf den engsten Kreis, d.h. die Kernfamilie beschränkt, so das im zunehmenden Maß all die Rituale wegfallen, die den Umgang mit der erweiterten Familie fordern. Laut Jons (1997), ist eines der grundlegendsten Übel, aus dem dann unzählige Familienprobleme resultierten, *„...das die Menschen sich keine Zeit mehr füreinander nehmen, dass sie einander nicht mehr zuhören, nicht miteinander sprechen, zum Beispiel auch nicht spielen, tanzen, wandern und dergleichen. Darum erkennen und verstehen sie einander immer weniger. All diese Umgangsweisen miteinander sind an Rituale geknüpft und ohne sie nicht denkbar."* (vgl. Jons, 1997, S. 44; zit. nach Lossin, 2003, S. 36)

-> **Unbewusste Rituale**

Zu den unbewussten Familienritualen gehören z.B. Begrüßungs- und Abschiedsrituale, Berührungsrituale, Zwangsrituale, Streitrituale und viele andere.

„Unbewusste Rituale werden von uns befolgt, ohne dass wir sie durchschauen, sie haben uns im Griff und können Macht, zum Beispiel in Form von Abhängigkeit auf uns ausüben." (vgl. Jons, 1997, S. 27; zit. nach Lossin, 2003, S. 36) Es muss hier zwischen Gewohnheiten und Familienritualen unterschieden werden. Wenn die Familienmitglieder die Familiengewohnheiten als bedeutend und wichtig empfinden für das Zusammengehörigkeitsgefühl in der Familie, kann davon ausgegangen werden, dass sich die Gewohnheiten zu Familienritualen entwickelt haben. Das Klima der Familie wird hauptsächlich durch unbewusste Rituale bestimmt, z.B. durch Tonfall, Bewegung, Gesten, Worte und Handlungen. (vgl. Lossin, 2003, S. 36 f.)

Die wichtigsten familiären Rituale für Eltern und Kinder sind: Weihnachts-, Kindergeburtstags- und Essensrituale sowie der jährliche Familienurlaub. Bei kleinen Kindern spielt das Ritual des Ins-Bett-Bringens eine wichtige Rolle. Einschlafrituale, um den Tag nach festen Regeln zu beenden, gehören zu den wichtigsten Alltagsritualen zwischen Eltern und Kindern. Mit ihrer Hilfe lernen Kinder, angstfrei vom Tag in die Nacht, vom Wachen in den Schlaf zu kommen.

Bei Kindergeburtstagen organisieren Eltern ein Kinderfest, bei dem ihre Kinder und ihre gleichaltrigen Freundinnen und Freunde im Mittelpunkt stehen.

Mit dem Weihnachtsfest feiert sich die Familie in kreativer Nachahmung der „heiligen Familie" selbst.

Auch im Familienurlaub verbringen Eltern und Kinder eine besondere Zeit. Familienurlaub hebt sich vom alltäglichen Leben ab, denn Kinder erleben und lernen hier vieles, was ihnen sonst nicht zugänglich ist. (vgl. Wulf, 2006 in http://www.fu-berlin.de/presse/publikationen/tsp/2006/ts_20060211/ts_20060211_07.html)

„Die Familie ist der Rahmen, in dem einen Kind die Bausteine für die Konstruktion seiner eigenen Lebenswelt einschließlich Strategien für den Umgang mit Krisen und Veränderungen vorfindet." (vgl. Kreppner in Herlth, 2000, S. 137; zit. nach Lossin, 2003, S. 23)

Erinnert man sich an die eigene Kindheit, so sind es insbesondere die Rituale der Familie, die ein Bild entstehen lassen.

„Sie bündeln Erinnerungen, sie verdichten die Erlebnisse zu der einen Erinnerung: So war`s immer bei uns." (vgl. Basle` & Maar, 1999, S. 14; zit. nach Lossin, 2003, S. 34)

Der Ablauf des familiären Zusammenlebens wird durch Familienrituale geprägt. Sie sind Ausdruck der Familienidentität, d.h. Rituale in der Familie vermitteln die Wertvorstellungen und Überzeugungen der Familie – sozusagen das Bild, das sie von sich selbst hat. In Alltäglichen Gewohnheiten zeigen sich Familienrituale, z.B. in der Art wie Feste gefeiert werden, wie miteinander gesprochen wird oder wie sich nonverbal durch die Verwendung von Symbolen verständigt wird, deren Bedeutung nur die Familie kennt. Lossin (2003) unterscheidet zwischen positiven und negativen Ritualen. Unter positiven Familienritualen fallen jene die die Gemeinschaft der Familie aufbauen, beleben und fördern. Zu den negative Familienritualen zählen diejenigen, welche sich hemmend und zerstörerisch auf das familiäre Zusammenleben auswirken.

Familienrituale können die Organisation des Familienalltags erleichtern, wenn sie bewusst positiv gestaltet werden. Sie sind dann unerlässlich, geben der Familie Stabilität und ein angenehmes Klima. (vgl. Lossin, 2003, S. 34 f.)

„Ohne Rituale in der Familie wäre unser Alltag anstrengend und trostlos. Sie geben unserem Leben Gestallt und sind ein Bollwerk nach außen und innen. Neben der Gefahr, zum bloß verordneten Reglement zu werden, bieten sie vielfältige Anregungen, unser Familienleben kreativ zu formen, d.h. die Weise unseres Miteinanders durch Wiederholung, Regelmäßigkeit und Kontinuität zu festigen und zu vertiefen." (vgl. Jons, 1997, S. 13; zit. nach Lossin, 2003, S. 35)

Warum sind Rituale für Kinder wichtig?

„Mit viel Liebe und Geduld ordnet die kleine Sophia vor dem zu Bett gehen ihre Kuscheldecke, stellt jedes der Stofftiere an seinen Platz und sagt ihnen gute Nacht. Dann kommt das Gute-Nacht-Lied oder die Geschichte mit Mama, und nun ist alles gut, und sie kann schlafen gehen." (zit. nach Kaufmann-Huber, 1995)

Familienrituale sind für Kinder besonders wichtig, da sie ihnen das Gefühl von Geborgenheit und Zufriedenheit vermitteln, wenn es sich um positive Rituale handelt. (vgl. Lossin, 2003, S. 34)

Kinder lieben es, immer wieder denselben Spruch zu hören, das gleiche Lied, das gleiche Märchen mit dem immer gleichen Wortlaut zu hören. Wenn sie genau schon vorher wissen was passiert und dann das genau auch eintrifft, freuen sie sich darüber. Kinder brauchen den immer gleichen Ablauf und die Wiederholung, um erfahren zu können, dass etwas für sie vorhersehbar und überschaubar ist. Verlässliche Ankerpunkte im Alltag durch Rituale gibt Kindern das Gefühl von Sicherheit und Geborgenheit. Durch regelmäßig gemeinsam verbrachte Zeit bekommen Kinder die Bestätigung, dass sie einen sicheren Platz in der Familie haben und dazugehören. (vgl. Basle`& Maar, 1999, S. 39 in Lossin, 2003, S.35)

Im Folgenden möchte ich aus der Vielzahl an Familienritualen einige herausgreifen, welche die spirituelle Entwicklung von Kindern unterstützt und womit deutlich wird warum gerade für Kinder, Rituale sinnvoll und wichtig sind. Ich beziehe mich hierbei vorwiegend auf die Literatur von Angela Goldbach und Gertrud Kaufmann-Huber.

Rituale helfen gegen Angst

Ängste sind der ständige Begleiter des Menschen. Ohne Auftauchen von Angstgefühlen würde man sich in größere Gefahr begeben. Ängste sind somit nicht immer nur etwas negatives, sondern auch im positiven Sinn ein „Alarmsystem". Das gilt natürlich auch für Kinder. Durch Angstgefühle lernen Kinder, wie gefährlich der Alltag sein kann. Sie unterscheiden was sie dürfen, was verboten und was ihnen wirklich schadet. Demgegenüber gibt es aber auch Ängste, welche die kindliche Entwicklung erschweren und blockieren. Wird z.B. Kindern zu viel vorgeschrieben, gedroht und verboten, können sich pathologische Ängste einstellen. Grundsätzlich sollten alle Ängste ernst genommen werden und nicht versucht werden sie zu verharmlosen. Es gibt Ängste, denen man nachgehen sollte, denn oft würden dann Leiden und Missbräuche von Kindern verhindert. (vgl. Kaufmann-Huber, 1995, S.49 f.)

-> Magische Rituale

„Im Ritual werden Zauberkräfte freigesetzt, die das Kind sich aneignet." (zit. nach Goldbach, 1999, S. 163)

Das Ritual ist ein wichtiges Element bei der Entwicklung des Selbstbewusstseins des Kindes und dessen Identität. Besonders wenn Kinder in einem von ihnen selbst geschaffenen Ritual die Gelegenheit haben, sich als aktiv Handelnde und nicht als passiv Hinnehmende zu erfahren, lassen sich Angst auslösende Situationen und Krisen bewältigen. Kindern hilf es besonders, wenn die Rituale individuell entworfen werden. Zu den „Zauberkraftaktivierenden"

Ritualen zählt zum Beispiel, das Lieblingsspielzeug (evtl. das Kuscheltier, die Kuscheldecke), was überall mit hingenommen wird und beim aufräumen und einschlafen hilft oder schmerzlindernd wirkt. Die Zahnfee, welche kleine Geschenke unter das Kissen legt, wenn das Kind einen Milchzahn verliert. Oder die kleinen Wetten, die Kinder mit sich abschließen: „ Wenn ich es schaffe, bis zur Haustür zu kommen, bevor das Auto an mir vorbeigefahren ist, dann…" Mit diesen Ritualen versuchen Kinder Kontrolle über Situationen zu erlangen, die Angst machen. (vgl. Goldbach, 1999, S.163)

Natürlich haben magische Rituale nichts mit Zauberei zu tun, sondern der Begriff Magie bezieht sich auf jedes rituelle Element, das auf ein Ziel gerichtet ist. *„Magie bezeichnet jene Rituale, die darauf ausgerichtet sind, Wirkung zu erzielen."* (zit. nach Grimes, 1995, in Bellinger & Krieger, 2003, S.127)

-> Rituale zur Strukturierung des Alltags

„Die Aneignung der Welt vollzieht sich für das Kind, indem es Raum und Zeit begreift." (zit. nach Goldbach, 1999, S. 164)

Die Strukturierung des Alltags von Kindern durch geregelte Zeiten, vermittelt ihnen zunehmend eine Ordnung und einen Bezugsrahmen, wie z.B. die regelmäßige Einnahme von Mahlzeiten, die Gutenachtgeschichte nach dem Abendbrot, regelmäßige Freizeitaktivitäten oder der morgendliche Gang zum Kindergarten bzw. Schule. (vgl. Goldbach, 1999, S. 164)

Die Tagesstruktur kann aber nicht endgültig festgelegt werden und sollte immer wieder neuen Gegebenheiten angepasst werden. Ein absolut durchorganisierter Tagesablauf kann Kinder auch sehr einengen und lässt nur wenig Raum der zur Lebensgestaltung nötigen Kreativität. Es gibt bereits viele Kinder, welche in einem durch und durch organisierten Tagesablauf leben, der oft wenig auf die Bedürfnisse des Kindes zugeschnitten ist. Andererseits gibt es auch Familien, die in einen völlig ungeregelten Tagesablauf leben, wo es sinnvoll wäre Rituale einzusetzen. (vgl. Kaufmann – Huber, 1995, S. 115 f.)

Zu den Ritualen, die Raum und Zeit strukturieren gehören auch diejenigen, welche die Zeit in größere Abschnitte einteilen. Hiezu zählen zum Beispiel die jahreszeitlichen Rituale des Pflanzens und Erntens, Weihnachtsvorbereitungen, Familienfeste und Geburtstage bis hin zur Hochzeit und Beerdigung.

„Durch die Wiederholung dieser Tätigkeiten gewinnen wir Menschen Sicherheit im Umgang mit ihnen, wir lernen mit ihrer Hilfe, unser Leben „geregelt" zu bekommen." (zit. nach Goldbach, 1999, S. 164)

-> Abschiedsrituale

„Abschied bedeutet Trennung und Schmerz und erfordert Trost und Heilung." (zit. nach Goldbach, 1999, S. 165)

Kinder können durch Rituale den Trennungsschmerz bewältigen. Bereits mit dem winken des Babys beginnt das Einüben von Abschied nehmen und Begrüßen. Zum Abschied nehmen bedarf es einer Abschiedsfloskel, die das Ritual ausmacht. Kindern ist es wichtig Tschüß, Ade oder auf Wiedersehen zu sagen, auch wenn es sich nur um eine räumliche Trennung im eigenen Wohnraum handelt. Die Trennungszeiten von den Eltern werden länger, je älter die Kinder werden z.b. wenn sie in den Kindergarten kommen oder in der Schule eine Klassenfahrt unternehmen. Häufig helfen dem Kind dann kleine symbolische Geschenke oder gemalte Bilder, welche mit dem Kind austauscht werden.

Rituale können Kindern helfen eine längere Trennung gut zu überstehen, denn sie geben ihnen Halt. (vgl. Goldbach, 1999, S. 165)

Aber Abschied steht auch im Zusammenhang mit Sterben und Tod. Denn Abschiede aller Art bereiten den Umgang mit Sterben und Tod vor. Zu Abschieden „... *gehören der jahreszeitliche Wechsel der Natur ebenso wie bestimmte Abschnitte im Leben."* (zit. nach Goldbach, 1999, S. 54) In gewisser Weise verweisen selbst auch freudige Ereignisse wie Geburtstage auf die Sterblichkeit der Menschen, in dem sie die vergangene Lebenszeit markieren. Für heutige Stadtkinder ist der Tod eine verdrängte Erfahrung. In ländlichen Großfamilien lebten früher bis zu vier Generationen miteinander. Kindern war nicht nur das Sterben von Pflanzen und Tieren vertraut, sondern sie erlebten auch in ihrer Umwelt, wie Menschen alt wurden und starben. Das Sterben war für diese Kinder weniger beängstigend, da der Tod nicht aus dem Leben ausgegrenzt war.

Heute wird der Tod aus unserem Leben abgespalten und verdrängt. Kinder spüren wenn Erwachsene traurig sind. Sie haben feine Antennen und wissen intuitiv früh und direkt vom Tod. Kinder sollten von der spürbaren Trauer der Erwachsenen bei einem Todesfall in der Familie nicht ausgeschlossen werden, denn ungeklärte Trauergefühle können bei Kindern diffuse Ängste wecken. Es sollte Kindern die Gelegenheit gegeben werden zu trauern. Gemeinsames Trauern ist am hilfreichsten, denn geteilte Tränen und traurige Gefühle geben Trost und helfen Kindern Trauer zu bewältigen. (vgl. Goldbach, S. 51 ff.)

„Jeder vollzogene Abschied ist Einübung in den Umgang mit dem Tod, und dieser wird umso leichter, als der Abschied ritualisiert ist." (zit. nach Goldbach, 1999, S. 55)

Einschlafrituale

Zu den heilsamsten Familienbetätigungen gehören Einschlafrituale. Die Beziehung zwischen Eltern und Kindern wird gestärkt und geheime Gedanken können in diesem intimen Raum anvertraut werden. Kinder können Erlebnisse des Tages verarbeiten und über ihre Ängste sprechen. Zu den typischen Einschlafritualen zählen Gutenachtgeschichten, Geschichten aus der Familienvergangenheit, ein Tagesrückblick, Einschlafmeditation oder auch Gebete, damit Kinder angstfrei vom Tag in die Nacht bzw. vom Wach sein in den Schlaf kommen.

Deshalb möchte ich gegenwärtig einige Einschlafrituale vorstellen.

-> Gutenachtgeschichten

Den Gutenachtgeschichten kommt besondere Bedeutung zu. Die heilende Kraft der Geschichten sorgt für einen guten, tiefen Schlaf und beeinflusst die nächtlichen Träume. Regelmäßige Erzählungen von Märchen fördern die Phantasie und bringen das kindliche Denken in eine gewisse Ordnung. Sie bieten ihnen einen Rahmen, in dem die Welt in all ihrer chaotischen Fülle geordnet und überschaubar wird. Märchen weisen häufig darauf hin, dass aus der Verdrängung des Bösen, Unglück entsteht, dass nur verhindert werden kann, wenn man das Böse annimmt und in das Leben integriert. Somit können Märchen ein Plädoyer für die Aufhebung von Polaritäten sein. Gut und Böse gehören ebenso zusammen wie Schönheit und Hässlichkeit, Yin und Yang usw..

-> Geschichten aus der Familienvergangenheit

Kinder sind extrem neugierig zu erfahren, wie ihre Eltern ihre Kindheit erlebten, bei welchen Ereignissen sie sich fürchteten, über was sie sich freuten und wie sie in bedrohlichen Situationen reagierten. Mit der Geschichte ihrer Familie erfahren Kinder vieles darüber, wie sich ihre Eltern, damals im selben Alter der Kinder, verhielten, welche Werte zu jener Zeit wichtig waren und wie sich die Einstellung im Laufe des Lebens verändert oder verfestigt hatte. Familiengeschichten wecken in Kindern Spiritualität und bieten die Möglichkeit sich mit ihrer Vergangenheit in Verbindung zu bringen. (vgl. Goldbach, 1999, 167 ff.)

-> Gebete

Laut Goldbach (1999) ist für Kinder das Gebet vor dem Einschlafen eine intensive Einübung in Spiritualität. Das Gebet hat für Kinder eine magische Funktion. *„Indem es sich vertrauensvoll an eine höhere Instanz wendet, welche die Macht hat, alles zum Guten zu wenden, fühlt es sich seinem Schicksal nicht hilflos ausgeliefert. Durch das Gebet kann es dieses mitgestalten und seine Ängste verlieren."* (zit. nach Goldbach, 1999, S. 179) Es kommt dabei nicht so sehr auf die Form an, mit der es gesprochen wird, sondern vielmehr auf die Intensität. Das Gebet kann frei formuliert sein und jeden Abend wechseln, es kann aus informellen Segenssprüchen oder Mantras bestehen, es kann einen bestimmten Adressaten haben oder auch keinen, es kann ein kirchliches Gebet sein und „Gott" ansprechen oder das „Universum". Im Gebet steigt unabhängig von der Form die Konzentration an Energie, welche so stark sein kann, dass sie auch anderen Personen hilft. (vgl. Goldbach, 1999, S.178 ff.) Im Gebet kann Hoffnung, Kraft, Ruhe und Trost gefunden werden.

Beruhigungsrituale

Unruhige und quengelnde Kinder können ihre Eltern an den Rand der Verzweiflung treiben. Beruhigungsrituale geben Kindern Sicherheit und führen zu mehr Ausgeglichenheit und weniger Stress. Zu den wirksamsten Beruhigungsritualen gehört z.B. das Mandala malen, die Meditation, Affirmationen, Musik, die Heilkraft der Farben, Massagen oder Bäder.

Ich möchte nun im Folgenden einige Beruhigungsmethoden vorstellen, welche die Selbstheilungskräfte mobilisieren und das psychische Gleichgewicht wieder herstellen.

-> Mandala-Malen

„Mit dem Mandala die Psyche harmonisieren." (zit. nach Goldbach, 1999, S.183)

„Mandala" ist ursprünglich ein tibetischer Ausdruck und bezeichnet eine Kreisstruktur, welche den Kosmos symbolisiert. Der Tiefenpsychologe C.G. Jung (1962) entdeckte für die westlichen Menschen das Mandala. Während einer persönlichen Krise begann Jung immer wieder unbewusst Kreisstrukturen zu malen, deren heilende Wirkung er deshalb an sich selbst erfuhr. Er erkannte allmählich, dass es sich dabei um Mandalas als unbewusstem Ausdruck seines Selbst handelte. Jung setzte später nach dieser eigenen Erkenntnis, das Mandala-Malen gezielt und erfolgreich als Maltherapie bei psychischen Störungen ein.

Für Ihn gilt die Kreisstruktur als ein Archetypus. Der Kreis hat seit Beginn der Menschheitsgeschichte eine rituell-symbolische Bedeutung, z.B. ist er in der ägyptischen Mythologie Symbol des Kosmos, in anderen Kulturen wie in Europa, Asien und Afrika ist er Ausdruck für den Schöpfungsmythos. In der natürlichen Umgebung begegnet man ihm überall. Im konzentrischen Aufbau von Pflanzen, in der um einen Kern gegliederten Zelle, im gleichförmigen Rhythmus der Jahreszeiten oder im zyklischen Lauf der Gestirne. Das Mandala ist ein Spiegel der Psyche, des menschlichen Bewusstseins.

Murty (1998) erklärt die vom Mandala ausgehende Harmonisierung folgendermaßen:

„Im Mandala drücken wir nicht nur unsere Gefühle und Stimmungen aus, sondern wir bringen darüber hinaus auch schöpferische Elemente in alle Prozesse ein. Ist unser Selbst nicht „rund", fehlt uns irgend etwas, befinden wir uns im Ungleichgewicht oder gar in völligem Chaos, werden wir von Konflikten zerrissen, dann fließen in das Mandala dank der seelischen Selbstheilungskräfte Elemente ein, die für Ausgleich, Harmonie, Sammlung, eben für „Rundung" sorgen. Indem wir das Mandala malen, bringen wir auch unser Inneres in Ordnung, erkennen wir unser Selbst, entwickeln wir uns selbst weiter." (vgl. Murty, 1998, S. 14; zit. nach Goldbach, 1999, S. 184 f.)

Mit dem Mandala-Malen kann die Möglichkeit eröffnet werden, in Krisen, Strategien zur Orientierung, Selbstfindung und Problemlösung zu entwickeln. Es ist bekannt, wie beruhigend und zentrierend Mandalas schon auf kleine Kinder wirken. Deshalb ist das Mandala-Malen in einigen Grundschulen zu einem festen Bestandteil des Unterrichts geworden. Wenn Kinder zappelig und erschöpft sind, beruhigt und zentriert zehnminütiges Mandala-Malen die Kinder und steigert ihre Konzentrationsfähigkeit. (vgl. Goldbach, 1999, S.183 ff.)

-> Meditation

Die Meditation ist ebenfalls ursprünglich eine östliche Beruhigungsmethode. Laut Goldbach (1999) können bereits sechsjährige mit der Meditationstechnik vertraut gemacht werden. *„Die Meditation ist eine Art Krafttankens, bei dem wir uns mit Konzentration aufladen und mit spiritueller Energie anfüllen, eine Energie, die den Körper ebenso reinigt wie Geist und Seele."* (zit. nach Goldbach, 1999, S. 187) Durch Meditieren können Kinder sich leichter in einen nachdenklichen, spirituellen, tief empfindenden Zustand versetzen und sich ihrem Innersten, ihren tiefen Sehnsüchten, Freuden und Ängsten nähern. Kinder lernen mit dieser Technik, sich in kritischen Augenblicken zu beruhigen und ihr

Gleichgewicht wieder zu finden. (vgl. Goldbach, 1999, S. 187)

-> Musik

Die Entdeckung der besonderen Bedeutung von Musik für den Menschen ist schon uralt. Pythagoras (um 55 v. Chr.) entdeckte den Zusammenhang zwischen hörbarer Musik und dem Universum. Er konnte schon damals zwischen Tonintervallen und Himmelsgestirnen mathematische Ähnlichkeit nachweisen. Auch in anderen und zum Teil noch älteren Kulturen ist die heilende Kraft der Musik bekannt. Besonders im Kontext mit angstbesetzten Themen wie Krankheit, Tod oder Verlust, gewährt die Musik dem Menschen Sicherheit. Bestimmte Grundmelodien und –rhythmen bewirken in den Riten vieler Naturvölker, dass der Mensch in Kontakt mit Göttern und Naturgewalten tritt.

„Musik ist Schwingung und somit Leben. Über ihre Schwingung erfahren wir unsere Zugehörigkeit zum Kosmos, gewinnen dadurch unser inneres Gleichgewicht und öffnen uns mit Hilfe der Feinstofflichkeit musikalischer Frequenzen unserer Intuition." (zit. nach Goldbach, 1999, S. 191)

Musik als heilende Wirkung wird so auch gezielt in der Musiktherapie eingesetzt. Ziel der Musiktherapie ist, die kosmische Harmonie auf die Psyche des Menschen zu übertragen. Einige wissenschaftliche Theorien gehen davon aus, dass jeder Mensch seinen eigenen Grundton besitzt.

Im Leben von Kindern sollte Musik ein wichtiger Bestandteil sein. Es sollte Kindern angeboten werden Musik zu hören und gegebenenfalls ein Instrument zu lernen, damit sie sich auf kreative Weise mit der kosmischen Energie verbinden und diesen Kontakt nicht verlieren. Untersuchungen haben gezeigt, dass musizieren Kindern hilft, schwierige Entwicklungsphasen zu bewältigen und es soll darüber hinaus die Intelligenz und Sensitivität steigern. (vgl. Goldbach, 1999, S. 190 ff.)

Es gibt unendlich viele Beispiele für Rituale, die in der Familie mit Kindern durchgeführt werden können. Es sollte sich aber um bewusst positive Rituale handeln. Kinder dürfen nicht zu Ritualen gezwungen werden, sonst sind es für Kinder kein Rituale, sondern leere Handlung, welche keine Bedeutung haben. Kinder werden dann weder Nähe noch Geborgenheit empfinden, sondern eher eine ablehnende Haltung oder im schlimmsten Fall Zwänge entwickeln. Wie schon im I. Teil erwähnt, haben Rituale und Gewohnheiten auch *„… einiges gemeinsam und sind oft schwer voneinander abzugrenzen, die Übergänge sind fließend. … Was beide voneinander unterscheidet, ist allein der*

Bedeutungsgehalt." (vgl. Basle`& Maar, 1999, S. 16; zit. nach Lossin, 2003, S. 37)

Kinder können durch leere Rituale auch geschädigt werden. Aus diesem Grunde möchte ich deshalb, zum Schluss meiner Hausarbeit, kurz auf entwicklungshemmende Rituale eingehen.

Grenzen von Ritualen

Die eben beschriebenen Rituale erwecken leicht den Eindruck, Rituale seien im positiven Sinne entwicklungsfördernd. Rituale treten in der Regel, an ganz bestimmten Stellen auf, z.b. wenn ein Entwicklungsschritt vollzogen werden muss, der für das eine Kind leicht, für das andere schwierig zu bewältigen ist und zu eigentlichen Krisensituationen führt. Meist verschwinden die Rituale wieder, wenn der Grund der Krise behoben bzw. der notwendige Entwicklungsschritt vollzogen wurden ist. Rituale können sich aber auch als „Entwicklungshemmer" auswirken. Die Krise bleibt dann bestehen und das Ritual wird zum Zwang. Es dient dann laut Kaufmann-Huber (1998) nur noch dazu, die Angst vor dem Neuen, dem Entwicklungsschritt, abzuwehren. Es würde sich dann nicht mehr um ein Ritual handeln, sondern um rituelle Zwangshandlungen, die zwar der Angstabwehr dienen, aber keine Entwicklung zulassen Für Zwänge ist charakteristisch, dass sie immer öfter wiederholt werden müssen und meist noch neue Formen entstehen. Von einem Zwang kann laut Kaufmann-Huber (1998) gesprochen werden, wenn der Sinn der Handlung nichts mehr mit dem ursprünglichen Auslöser gemein hat und die rituelle Handlung über sehr lange Zeit wiederholt wird, wie z.B. ständiges Händewaschen, was derart häufig vollzogen wird, dass es unmöglich wird den Alltag zu bewältigen. Dass Freud angstneurotischen Zwangshandlungen und Ritualisierungen des Alltags eine schädigende Funktion zuschrieb, wurde bereits unter Punkt 2 erwähnt.

Es darf aber nicht vergessen werden, *„… dass Rituale Krisen oder Entwicklungen begleiten, die eben ihre Zeit brauchen bis sie gemeistert sind."* (zit. nach Kaufmann-Huber, 1998, S. 99) Es bedarf dann einer genaueren Diagnostik, wenn Eltern sich sorgen über die Rituale ihrer Kinder.

Eine andere Form von Ritualen, die sich für die Entwicklung des Kindes negativ auswirkt, sind die erzwungenen Rituale, die dem Kind nichts bedeuten. Hier ist beispielsweise zu denken an Kinder, welche von ihren Eltern gezwungen werden zu beten, zu beichten und die Kirche zu besuchen. Häufig finden diese

Menschen später keinen Zugang mehr zur Religion. Man sollte Kindern gegenüber einfühlsam sein, denn jedes Kind wehrt sich und gibt seinem Unwillen Ausdruck, sei es durch verbale oder nonverbale Äußerungen oder sein Verhalten. (vgl. Kaufmann-Huber, 1998, S. 97 ff.)

Zusammenfassung und Fazit

Meine Arbeit stellte Rituale in den Zusammenhang mit Kindern. Hierbei wurde zuerst der grundlegende Begriff Ritual geklärt. Es stellte sich aus der Vielfältigkeit der Definition heraus, das Rituale heutzutage noch wenig mit Religion zu tun haben, sondern auf symbolische Handlungen ganz allgemein angewandt werden. Sie stehen im Kontext mit Traditionen und laufen nach ganz bestimmten Regeln ab, welche meist über einen längeren Zeitraum gleich bleiben. Im Gegensatz zu Gewohnheiten, ist das Ritual kein starres, nicht hinterfragbares Regelkonstrukt, sondern es weist sowohl Struktur als auch Sinn auf. Rituale sind spezielle Formen der menschlichen Interaktion und Kommunikation und werden bestimmt in ihrer Ausführung durch eine Leitidee.

Als nächstes wurden die ebenso multilateralen Funktionen von Ritualen im Zusammenhang der jeweiligen Ritualtheorien abgehandelt. Rituale haben unterschiedliche Funktionen. Nach soziologischen Theorien erzeugen Rituale Bündnisse, sie Stärken das Zusammengehörigkeitsgefühl, sie fördern die Stabilität der Gemeinschaft und definieren Rollen, Regeln, Beziehungen und Weltbilder. Sie haben Anteil an der persönlichen und sozialen Identitätsbildung in dem sie soziale Position, Status, Rang und Macht bestätigen und reproduzieren.

Formalistische Theorien betonen besonders, dass durch Rituale neue Verhaltensweisen, Handlungen und Bedeutungen entstehen können. Es werden durch Rituale symbolische und moralische Grenzen gezogen und somit Ordnung und System in die kulturelle Welt gebracht. Nach den psychologischen Theorien reduzieren Rituale Angst und können Spannungen abbauen, weshalb sie auch als Therapiemöglichkeit eingesetzt werden.

Der nächste Teil meiner Arbeit beschäftigte sich mit Ritualen als Entwicklungsort in der Familie. Hier wurde zwischen positiven und negativen sowie bewussten und unbewussten Ritualen in der Familie unterschieden. Es stellte sich heraus, das Familienrituale das Gemeinschafts- und Dazugehörigkeitsgefühl stärken und die Kommunikation und die Interaktion der Familienmitglieder fördern, wenn es sich um positive Rituale handelt.

Des Weiteren wurde festgestellt, dass bewusste Familienrituale zunehmend durch Konsumgüter ersetzt werden und deshalb immer weniger vorhanden sind. Hingegen können unbewusste Familienrituale nicht ersetzt werden. Sie sind immer vorhanden und bestimmen das Klima der Familie, was sich auf die kindliche Entwicklung auswirkt. Die Entwicklung von Kindern ist somit abhängig von der Atmosphäre der Familie. Infolgedessen konnte abgeleitet werden, das positiv bewusst eingesetzte Familienrituale die kindliche Entwicklung fördern und andererseits negative Rituale, d.h. insbesondere erzwungene Rituale die Entwicklung von Kindern hemmen, hauptsächlich wenn es bedeutungslose Handlungen für Kinder sind oder Rituale ganz und gar zu Zwangshandlungen werden. Anhand von verschiedenen Beispielen, zeigte meine Arbeit, dass Rituale besonders für Kinder im familiären Zusammenleben wichtig sind. Sie geben ihnen verlässliche Anhaltspunkte im Alltag und vermitteln ihnen ein Gefühl von Sicherheit, Ordnung und Geborgenheit. Durch den immer gleichen Ablauf und die Wiederholung werden beängstigende Situationen überschaubar und vorhersehbar und es lassen sich somit kindliche Krisen bewältigen. Besonders wenn die Rituale individuell vom Kind selbst entworfen werden, erlangen Kinder die Kontrolle über die Situation. Rituale vermitteln Kindern das Gefühl, dass sie zur Familie dazugehören, was zur Entwicklung des Selbstbewusstseins und zur Identitätsbildung unbedingt notwendig ist. Auch Trennungsschmerzen können durch Rituale bewältigt werden, da sie Kindern Halt und Trost geben. Einschlafrituale stärken die Beziehung zwischen Eltern und Kindern und Beruhigungsrituale mobilisieren Selbstheilungskräfte und stellen das psychische Gleichgewicht wieder her.

Es gibt noch viele andere Beispiele, welche zeigen, wie wichtig Rituale sein können, doch dieses hätte den Rahmen der Arbeit überschritten.

Überall im Alltag kann man Ritualen begegnen, man muss seine täglichen Handlungen nur bewusst wahrnehmen und ihnen einen positiven Sinn zuschreiben. Durch die positive Sinngebung, wird man strukturierter und zufriedener durchs Leben gehen.

Oft werden Vorstellungen von Kindern, Träume und Phantasien als Unsinn abgetan und Kinder ermahnt „vernünftig" zu sein und sich auf die existente Seite der Welt zu konzentrieren. Dabei sollte man sich lieber für die Wahrnehmung der Kinder interessieren und sie ernst nehmen, denn Phantasie ist die Vorraussetzung für Empathie und Mitgefühl, für Hoffnung, Liebe und Freundschaft, für die Entwicklung von Visionen und für spirituelles Erleben. (vgl. Godbach, 1999, S. 205 f.)

„Wenn wir unsere Familie als einen Ort des Wohlfühlens, eine Rückzugsinsel, begreifen, in der sich jedes Mitglied entspannt, zurückziehen oder mit anderen kommunizieren kann, ist die Vorraussetzung für Eltern wie Kinder geschaffen, nicht nur die körperlichen und seelischen, sondern auch spirituelle Bedürfnisse zu befriedigen." (zit. nach Goldbach, 1999, S. 28)

In einer Familie äußert sich Spiritualität in ihren Ritualen, Traditionen, Überzeugungen und Werten und begründet dadurch ihre Einzigartigkeit. (vgl. Goldbach, 1999, S. 205)

„Wenn wir unsere Familie als einen Ort des Wohlfühlens, eine Rückzugsinsel, begreifen, in der sich jedes Mitglied entspannt, zurückziehen oder mit anderen kommunizieren kann, ist die Vorraussetzung für Eltern wie Kinder geschaffen, nicht nur die körperlichen und seelischen, sondern auch spirituelle Bedürfnisse zu befriedigen." (zit. nach Goldbach, 1999, S. 28)

Literaturverzeichnis

Literatur

Basle, B., Maar, N. (1999): Alte Rituale – neue Rituale. Freiburg

Beck, U., Beck-Gernsheim, E. (1990): Das ganz normale Chaos der Liebe. Frankfurt am Main

Belliger, A. und Krieger, J. (Hrsg.) (1998): Ritualtheorien. Ein einführendes Handbuch, 1. Aufl., Wiesbaden

Belliger, A. und Krieger, J. (Hrsg.) (2003): Ritualtheorien. Ein einführendes Handbuch, 2. Aufl., Wiesbaden

Bergesen, A. (1998) Die rituelle Ordnung. In: Belliger, A. und Krieger, J. (Hrsg.) (1998): Ritualtheorien. Ein einführendes Handbuch, 1.Aufl., Wiesbaden

Caduff, C./ Pfaff-Czarnecka, J.(Hrsg.) (1999); Rituale heute: Theorien-Kontroversen – Entwürfe, Berlin

Comstock, W.R. (1972): The study of religion and primitive religions. New York (Harper and Row)

Davis, J. (1984) Mazel tov: Ritual and discontinuous change in the normal family life cycle. (unpublished). Amherst

Douglas, M. (1966): Reinheit und Gefährdung. Eine Studie zu Vorstellungen von Verunreinigung und Tabu. Berlin

Douglas, M. (1970 /dt. 1981): Ritual, Tabu und Körpersymbolik. Frankfurt/Main

Douglas, M. (1984): Purity and Danger: An Analysis of the Concepts of Pollution and Taboo (repr. von 1966). London (dt. 1985: Reinheit und Gefährdung. Berlin)

Durkheim, E. (1981): Die elementaren Formen des religiösen Lebens. Frankfurt/Main

Freud, S. (1907): Zwangshandlungen und Religionsübungen. In: Gesammelte Werke, Band 7 (= Studienausgabe, Band 7, 14)

Fuchs-Heinritz, W., Lautmann, R., Rammstedt, O., Wienhold, H. (Hrsg.) (1995): Lexikon zur Soziologie. Oplden

van Gennep, A. 1986 (1909): Übergangsriten. Frankfurt/Main

Goffman, E. (1971): Aus Interaktionsrituale. Über Verhalten in direkter Kommunikation. Übersetzung von R. Bersträsser und S.Bosse, Frankfurt/Main; In: Belliger, A. und Krieger, J. (Hrsg.) (1998): Ritualtheorien. Ein einführendes Handbuch, 1. Aufl., Wiesbaden

Goldbach,A., (1999); Kinder und Spiritualität. Ein spiritueller Erziehungsratgeber, Bern München, Wien

Grimes, R. (1995): Typen ritueller Erfahrung. Aus: Beginnings in Ritual Studis. Revised Edition. Columbia South Carolina Press; In Belliger, A. und Krieger, J. (2003): Ritualtheorien. Ein einführendes Handbuch, 2.Aufl., Wiesbaden

Hallowell, A.I. (1941): The social function of anxiety in a primitive society. American Sociological Review 6: 869 – 81. Bobs-Merrill reprint series, A-104.

Imber-Black, E. / Roberts, J. / Whiting, A. R. (2001); Rituale. Rituale in Familien und Familientherapie, Heidelberg

Jons, U. (1997): Familienrituale Zwang oder Chance? Hall in Tirol

Jung, C.G. (1962): Bewusstes und Unbewusstes. Frankfurt

Kaufmann-Huber G., (1995); Kinder brauchen Rituale. Ein Leitfaden für Eltern und Erziehende, 8. Aufl., Freiburg, Basel, Wien

Korte, H. / Schäfers, B. (Hrsg.) (2002): Einführung in Hauptbegriffe der Soziologie, 6. Aufl., Opladen

Kreppner, K.: Die Bedeutung familiärer Beziehungen und Kommunikationsmuster für die Persönlichkeitsentwicklung von Kindern. In: Herlth, A., Engelbert, A., Mansel, J., Pallentien, C. (Hrsg.) (2000), Opladen

Lossin, M. (2003): Funktion und Bedeutung von Ritualen für die Stabilität der modernen Familie. Band 2, Aachen

Murty, K. (1998): Malbuch Mandala, Malen und meditieren mit dem uralten Lebenssymbol. 4. Aufl., Bern, München, Wien

Nauck, B./Joos, M. (1997): Wandel der familiären Lebensverhältnisse von Kindern in Ostdeutschland; In: Trommsdorf, G. (Hrsg.) (1997): Sozialisation und Entwicklung von Kindern vor und nach der Vereinigung, Opladen

Otto, H.U./ Thiersch, H. (Hrsg.) (2001): Handbuch. Sozialarbeit; Sozialpädagogik; 2.Aufl., Neuwied, Kriftel

Scheff, T. J. (1979): Catharsis in healing, ritual, and drama. Berkeley / Los Angeles (University of California Press)

Sennet, R. (1998): Der flexible Mensch. Die Kultur des neuen Kapitalismus. Berlin

Shaughnessy, J.D. (ed.) (1973): The roots of ritual. Grand Rapids, MI (William B. Eerdmans).

Statistisches Bundesamt (Hrsg.) (1995): Im Blickpunkt: Familien heute. Stuttgart; In: Lakemann, U. (2004): Skript zum Seminar Jugend- und Familiensoziologie, Jena

Tambiah, S.J. (1979): A performative Approach to Ritual, in: Proceedings of the British Academy 65

Turner, V. (1967): The forest of symbols: Aspects of Ndembu ritual. Ithaca, NY (Cornell University Press)

Von Kardorff, E. (2003): Vorwort; In: Lossin, M. (2003): Funktion und Bedeutung von Ritualen für die Stabilität der modernen Familie. Band 2, Aachen

Internetquellen

Kaiser, A. (2001): 1000 Rituale für die Grundschule, 2.Aufl. Baltmannsweiler; http://astrid-kaiser.de/lehre/veranstaltungen/ritualesu.php)

Wikipedia: http://de.wikipedia.org/wiki/Hauptseite

Wulf, C. (2006): Professor für Anthropologie und Erziehung am Fachbereich Erziehungswissenschaft und Psychologie und am Sonderforschungsbereich „Kulturen des Performativen" an der Freien Universität Berlin; http://www.fu-berlin.de/presse/publikationen/tsp/2006/ts_20060211/ts_20060211_07.html

Rituale für Kinder: Ein pädagogisch wertvolles Hilfsmittel

Von Nicole Wuttke, 2010

1. Teil

Einleitung

Alle Kulturen verfügen über verschiedene Rituale, welche alle dieselbe Funktion haben, auch wenn die Abläufe unterschiedlich sind. Rituale begleiten Menschen durch die Übergangsphasen des Alltages und helfen ebenso die Anforderungen des Alltages zu meistern. Dabei werden Rituale oftmals gar nicht mehr wahrgenommen. Viele Menschen meinen sogar, sie benötigen Rituale gar nicht, sie wären unnötig und veraltet, obwohl diese sie schon lange still und leise begleiten. Diese Meinung ändert sich aber vor allem, wenn Kinder kommen, denn gerade diese bestehen auf lieb gewonnene Gewohnheiten wie Gutenachtgeschichte, Osterfest usw. und beharren darauf, dass sie durchgeführt werden.

Rituale können in einer sich ständig verändernden Gesellschaft Halt und Stabilität bieten. Sie schaffen in der Familie Gemeinsamkeiten, die im Alltag sonst untergehen und sie können den Zusammenhalt der Familie stärken. Sie werden in der Familie entwickelt und gepflegt, stehen jedoch im Kontext mit der Kultur und Gesellschaft, in der die Familie lebt. Familienrituale können vielfältig sein und sich auf die kleinsten Handlungen oder Gefühle beziehen. Besonders Kinder brauchen Rituale, um sich in der Welt wohl zu fühlen und in ihr Orientierung zu finden. In einer Zeit, in der der familiäre Alltag auseinander zu laufen droht, geben Rituale Kindern ein Gefühl von Sicherheit, Dazugehörigkeit und Geborgenheit. In meiner Ausarbeitung möchte ich mich diesbezüglich mit Kindern und Ritualen auseinandersetzen. Von zentralem Interesse ist, warum Rituale gerade für Kinder sinnvoll und wichtig sind und welche Bedeutung diese für sie für haben. Herausfinden möchte ich dabei, ob meine These – „Rituale für Kinder – ein wertvolles pädagogisches Hilfsmittel" – stimmt. Ein persönliches Interesse an der Thematik Rituale entstand durch ein Freiwilliges Soziales Jahr, wo ich viele verschiedene, wunderschöne Rituale kennen lernen und erleben durfte. Ich habe nicht vermutet, dass das Thema Rituale so umfangreich ist und vielfältige wissenschaftliche Aspekte aufwirft. Ich habe Rituale vor dieser Arbeit in Verbindung mit Festen, wie Ostern oder Weihnachten, gebracht. Selbst als ich nach Literatur über Rituale im Buchhandel fragte, bekam ich von der Verkäuferin zur Antwort, dass sie mir nur etwas über Hexen anbieten könne. Ich denke dass viele Menschen meinen, dass sich hinter Ritualen mystische Elemente verbergen. Doch Rituale sind mehr als Mystik und Feste. Ich möchte gerade jene Leser für das Thema sensibilisieren und informieren, die häufig mit Kindern Umgang haben, wie Eltern, Erzieher oder Pädagogen, denn durch Rituale können kindliche Krisen bewältigt werden, was diese Arbeit zeigen soll.

Im Theorieteil meiner Arbeit werde ich zuerst auf den Begriff Ritual eingehen, bevor ich anschließend darauf zu sprechen komme, was Rituale für eine Funktion haben und wie sie entstehen können. Im Anschluss wird deutlich, warum für Kinder Rituale von Bedeutung sind und es werden einige Beispiele diesbezüglich aufgeführt. Zum Schluss werde ich kurz auf die Grenzen von Ritualen eingehen bevor ich mein Thema mit dem Methodenteil, der Zusammenfassung und dem Fazit beende.

Rituale – Definition und Funktionen

Zu Beginn möchte ich den Begriff „Ritual" klären, da er Hauptbestandteil meiner Arbeit ist und die Grundlage bildet. Bei dem Begriff Regeln bietet es sich an, diese erst im weiteren Verlauf zu definieren.

Begrifflichkeit

Der Begriff Ritual hat in unserer heutigen Zeit eine vielschichtige Bedeutung, oftmals wird es mit „…sinnentleerten Traditionen und überholten kirchlichen oder volkstümlichen Bräuchen gleichgesetzt …".[1]

Andere denken an „…Stämme die in Afrika leben und um Lagerfeuer tanzen und ihren Gott huldigen, wieder andere an eigenartige religiöse Riten oder schwarze Magie…".[2]

Im Allgemeinen kann man Rituale aber wie folgt definieren:

„Ein Ritual (von lateinisch ritualis = „den Ritus betreffend") ist eine nach vorgegebenen Regeln ablaufende, meist formelle und oft feierlich-festliche Handlung mit hohem Symbolgehalt. Sie wird häufig von bestimmten Wortformeln und festgelegten Gesten begleitet und kann religiöser oder westlicher Art sein (z.B. Gottesdienst, Begrüßung, Hochzeit, Begräbnis, Aufnahmefeier usw.)."[3]

Rituale folgen grundsätzlich einem festen Ablauf, bei dem ein bestimmtes

---

[1] Kunze, 2008, S.8

[2] Kunze, 2008, S.8

[3] http://de.wikipedia.org/wiki/Ritual (14.10.2010) 5

Schema gewahrt wird. Von wem der Ablauf und die Form dabei festgelegt werden, ist erst einmal zweitrangig. Rituale selber werden auch oft unbewusst im Alltag integriert und dabei fast immer nach einer Anfangsphase fest im Tagesablauf eingebunden und vertraut gemacht. In jedem Fall schöpfen Rituale ihre Kraft aus der Wiederholung.

Welche Funktionen Rituale genauer haben, werde ich im Anschluss erläutern.

Funktionen von Ritualen

Das Bemerkenswerte an Ritualen ist vermutlich ihre Vielseitigkeit. Sie stärken die Identität des Menschen, geben Sicherheit, strukturieren das Leben und den Tagesablauf. So ist z.B. bereits der Morgen mit festen Ritualen verbunden. Man steht zur selben Zeit auf, verrichtet seine Morgentoilette nach demselben Muster wie am Vortag, zieht sich seine Kleidung an, frühstückt eventuell und macht sich zur selben Zeit auf zu seiner Tagestätigkeit. Wenn man all dies jeden Tag aufs Neue überlegen und strukturieren würde – wie viel Zeit und Energie würde das kosten. So könnte man sich im Leben gar nicht weiter entwickeln. Genauso helfen Rituale aber auch beim Lernen und Bewältigen von Krisen.[4]

Aber nicht nur für den Einzelnen, auch für die Gruppe – vor allem für eine Gesellschaft – sind Rituale wichtig. Selbstverständliches wie Händeschütteln bei der Begrüßung oder das miteinander reden in gemeinsamer Sprache sind letztendlich nichts anderes als Rituale, welche das Zusammenleben erleichtern und strukturieren.[5]

„Auch bei den Kindern unterstützen Rituale die gesunde Entwicklung beachtlich. Sie fördern die Selbstständigkeit, schulen das Denkvermögen und den Ordnungssinn, helfen Krisen zu bewältigen und sich an bestimmten Werten zu orientieren, sie vermitteln Vertrauen und Sicherheit. Darüber hinaus helfen Rituale einem Kind, sich seiner Identität bewusst zu werden."[6] Rituale haben also eine sehr breite Funktionalität und es hilft jedem Menschen diese in seinem Leben einzubauen sowie zu nutzen.

Die Entstehung von Ritualen ist sehr unterschiedlich und von jedem persönlich abhängig, worauf ich jetzt genauer eingehen möchte.

---

[4] Kunze, 2008, S.11
[5] Kunze, 2008, S.11
[6] Kunze, 2008, S.11 6

Entstehung von Ritualen

Rituale können ganz unterschiedlich entstehen. So können sie zum einem aus Traditionen übernommen werden, welche aus der eigenen Familie weitergegeben werden und seit Generationen gute Dienste leisten. Sie können aber auch neu ausgedacht werden, z.B. mit der ganzen Familie. Dabei sollte jedoch beachtet werden, dass diese das Zusammenleben schöner und harmonischer machen sollten. Auch Kinder haben viel Freude daran, neue Rituale zu erfinden, was wiederum auch gleichzeitig ihr Selbstbewusstsein fördert und stärkt. Genauso entstehen Rituale oft zufällig, aus dem Bedürfnis heraus eine schöne Situation immer wieder zu erleben und werden dann übernommen, es sind also in diesem Falle Zufallsprodukte. Wichtig ist es bestehende Rituale regelmäßig zu überdenken und sie bei Bedarf auszubessern, damit sie zusammen mit der Familie mitwachsen können. Ungeliebte Rituale können so auch durch kleine Veränderungen im Ablauf oftmals zu einem akzeptierten, schönen Ritual werden.

Wichtigkeit der Rituale für Kinder

„Es wirkt auf Kinder außerordentlich wohltuend, ja heilsam, wenn der Tagesablauf nicht chaotisch ist, sondern rhythmisch gegliedert einer bestimmten Ordnung folgend. Rituale spielen hier eine große Rolle, besonders an den Schnittstellen von Tag und Nacht: Sie helfen dem Kind, am Morgen aus der Unbewusstheit des Schlafes besonnen in den Tag hineinzufinden, und am Abend, aus den Aufregungen des Tages in die Ruhe des Schlafes zu gelangen. Sei es durch eine Gute-Nacht-Geschichte, ein Lied, ein Gebet oder alles zusammen. Auch die Form, in der gemeinsame Mahlzeiten gestaltet werden, kann viel bedeuten, nicht nur in rhythmischer Hinsicht, sondern auch in sozialen u. ernährungsphysiologischer Hinsicht. Auch Kinder im Vorschulalter finden es keineswegs langweilig, wenn sich bekannte Ereignisse wiederholen, sondern freuen sich im Gegenteil auf die Wiederkehr des Bekannten und leben darauf zu."[7]

In all ihren Entwicklungsjahren erleben Kinder unter anderem den Übergang von zu Hause sein in den Kindergarten und dem Kindergarten in die Schulzeit. Besonders in den ersten Wochen in der fremden Umgebung ist es wichtig, den Kindern eine Stütze zu geben, welche ihnen Sicherheit vermittelt. Dabei können

---

[7] Patzlaff,2005, S.23 7

Rituale eine große Hilfe sein. Im weiteren Verlauf meiner Arbeit werde ich nun auf einige davon näher eingehen.

Das Morgenritual

Der Morgen ist eine Übergangsphase in den Tag. Die Nacht endet und ein neuer Tag beginnt. Besonders hier sind zuverlässige Rituale wichtig.

Es gibt verschiedene Möglichkeiten hierfür, Rituale zu finden. Manche lassen sich gern mit sanfter Musik wecken, andere kuscheln lieber und werden langsam wach dabei. Viele Kinder lieben es auch, vor dem Aufstehen noch einmal in Mamas und Papas Bett zu krabbeln. Wichtig hierbei ist, dass es nicht die aufwendigsten, originellsten Rituale sein müssen, sondern, dass sie regelmäßig, verlässlich und ohne Hektik eingesetzt werden.

Das Frühstücksritual

Für viele Familien ist das Frühstück das erste Zusammentreffen des Tages. Besonders hier kann man viele Rituale einbauen, die auch für die Eltern sehr nützlich sein können. Jeder darf z.B. aus seiner Lieblingstasse trinken und dabei erzählen, was er die Nacht geträumt hat. Auch kann gemeinsam geplant werden, was am heutigen Tag alles ansteht. So erfahren die Eltern, was ihr Kind momentan beschäftigt und interessiert.[8]

Besonders für die Kinder ist es schön, so einen ruhigen Start in den Tag zu haben und alle Familienmitglieder zu sehen, vor allem weil die Väter meist erst abends von Arbeit nach Hause kommen und nicht viel Zeit für gemeinsame Aktivitäten übrig bleibt.

Abschiedsrituale

Vielen Kindern in der Krippe und dem Kindergarten fällt es schwer, sich von der Mutter zu trennen. Hier ist es wichtig, das Kind zu unterstützen und das Verabschieden leichter zu machen. Ein schönes Ritual kann z.B. das Winken an einem bestimmten Fenster sein, oder wenn die Eltern und das Kind einen Gegenstand tauschen. Die Mutter/der Vater gibt ihm das getragene Halstuch und das Kind stattdessen das geliebte Kuscheltier und beide passen nun gegenseitig darauf auf, bis sie sich wieder sehen. Das Trauern an dieser Stelle ist vollkommen normal und man sollte den Kindern die Gelegenheit geben, diese

---

[8] Kunze, 2008, S.20

Traurigkeit zu zeigen und damit umzugehen. Hierbei helfen die Abschiedsrituale, denn sie geben eine innere Ordnung und Sicherheit, außerdem lernen die Kinder dadurch Selbstständigkeit.[9]

Der Morgenkreis

In vielen Einrichtungen ist es üblich, dass die Erzieherin mit den Kindern einen gemeinsamen Morgenkreis erlebt. Hierbei können die Kinder erzählen, was sie am vorherigen Tag erlebt haben, was besonders nach dem Wochenende viel Gesprächsstoff bereit stellt und gleichzeitig für die Erzieherin eine gute Informationsquelle sein kann. Auch kann man mit den Kindern gemeinsam planen, was am Tag gemacht werden möchte und ob sie eigene Ideen haben. Das gibt den Kindern nicht nur Sicherheit, weil sie wissen was auf sie zukommt, sondern fördert auch ihr Selbstbewusstsein, da sie sich selber aktiv mit einbringen können. Als gemeinsamer Abschluss des Morgenkreises kann man ein Buch vorlesen, ein Lied oder Fingerspiel gestalten ehe es ins gemeinsame Freispiel oder zu den Angeboten übergeht.

Das Aufräumritual

Kinder vertiefen sich nur allzu gern in ihr Spiel und mögen es nicht, wenn sie herausgerissen werden. Oft fällt es ihnen schwer aufzuräumen und sie haben keine Lust dazu, was auch sehr oft zu Streitereien führt, wer mit welchem Spielzeug gespielt hat und wer es daher aufräumen soll. Auch hier gibt es ein paar schöne Rituale, welche helfen können. So kann z.B. das Signal „Aufräumzeit es ist soweit" als kurzer Sprechgesang zum gemeinsamen Aufräumen überleiten. Ratsam ist es, wenn die Erzieherin beim Aufräumen unterstützt, das schützt vor Überforderung der Kinder. Die Erzieherin kann z.B. durch kleine Hilfestellungen auf spielerische Weise helfen z.B. in dem sie sagt „Die Puppenkinder sind nun auch müde, wer legt sie ins Bett und deckt sie zu?". In der Bauecke wiederum können Bagger und Lastwagen helfen die Bausteine in die Kisten zu transportieren. So bekommt man eine Struktur in das Chaos und die Kinder wissen leichter, wo sie anfangen können mit aufzuräumen. Auf diese Weise kann jedes Kind seinen Teil dazu beitragen und das Aufräumen wird eine gemeinsame Gruppenaktion, die auch noch Spaß machen kann.

---

[9] Helbig, 2010, S.17 8

Rituale am Esstisch

„Mahlzeiten haben innerhalb des Tagesablaufes im Kindergarten eine große Bedeutung. Mahlzeiten sind immer ein soziales und kulturelles Ereignis, gemeinsam zu essen macht Spaß und ist unterhaltsam. Sich zu verabreden, neben einem Freund beim Essen zu sitzen und sich über alles Mögliche zu unterhalten – die soziale Komponente des gemeinsamen Essens ist für Kinder besonders wichtig. Sie essen mit größerem Appetit und genießen die gemütliche Atmosphäre am einladend gedeckten Tisch mit appetitlich angerichteten Speisen."[10]

Mit den Kindern entwickelte Rituale geben den Mahlzeiten die nötige Ruhe. Beispiele dafür können ein gemeinsamer Tischspruch sein, alle essen mit dem Besteck und jeder darf erzählen. Auch das gemeinsame Tischdecken und Abräumen ist ein schönes Ritual. Die Kinder beteiligen sich aktiv und lernen gleichzeitig Verantwortung zu übernehmen.

Einschlafrituale

Nicht nur im Kindergarten, sondern auch zu Hause in der Familie ist es wichtig mit Ruhe und Ritualen in die Mittags- oder die Nachtruhe zu gleiten. Hier fängt es schon mit einem frisch gelüfteten Zimmer und einem abgedunkelten Raum an. Ein Lied zum Einschlafen beruhigt und entspannt, genauso wie eine Einschlafgeschichte. Besonders in diesen Phasen sind Kinder besonders kuschel- und schmusebedürftig. Dem kann man gerecht werden, indem man zu jedem Kind geht, es zudeckt und nochmals streichelt. Eine solche entspannende Umgebung hilft, dass Kinder sich sicher und geborgen fühlen, schnell einschlafen und somit neue Kräfte sammeln können.

Übergangsrituale

Besonders die Übergänge im Tagesablauf wie z.B. vom Mittagessen zur Mittagsruhe oder vom Umziehen in der Garderobe ins Freie, sind oft geprägt von Unsicherheit und Unklarheit der Kinder, wie es weitergeht. Solche Situationen lassen Kinder unruhig werden und besonders jüngere Kinder auch schnell mal weinen. Auch hier können kleine Rituale helfen, wie z.B. ein Fingerspiel oder ein kleines Lied während der Wartezeiten oder Übergänge. Auch kleine Bewegungsspiele können eingebaut werden. Damit wird es den Kindern nicht langweilig, die Wartezeit geht schnell rum und Unsicherheiten

---

[10] Helbig, 2010, S.98 10

werden behoben.

Neben den genannten Formen / Arten von Ritualen gibt es natürlich noch weitere Möglichkeiten. Der eigenen Fantasie sind dabei keine Grenzen gesetzt, um Rituale im Tagesablauf zu schaffen.

Jahreszeitenrituale

Auch über das Jahr verteilt gibt es viele Gelegenheiten, bei denen man Rituale nutzen und einbauen kann. Bei vielen Familien erfolgt das schon seit Jahren, ohne dass es immer groß bewusst ist, immerhin feiert fast jeder Ostern, Weihnachten, Fasching usw. „Gerade für Stadtkinder – und das ist bei weitem die Mehrheit aller Kinder bei uns – sind Jahreszeiten meist ziemlich abstrakte Begriffe. Nur selten wissen sie, welche Früchte wann reif sind und wann welche Blumen blühen. Dabei ist gerade der immer wiederkehrende Ablauf der Jahreszeiten wichtig für das Gefühl der Sicherheit im Kinderleben."[11] Um dies den Kindern wieder bewusst zu machen, bietet sich das Ritual des Jahreszeitentisches an. Dafür braucht man nicht viel Platz, ein kleiner Tisch, das Fensterbrett oder eine einfache Regalfläche reicht aus. Hier werden nun nach den Jahreszeiten Blumen, Zweige und Früchte arrangiert, welche die jeweilig gerade herrschende Jahreszeit repräsentiert. So hängen im Frühling am Osterstrauß bemalte Ostereier, Narzissen oder Tulpen blühen in der Vase auf und gebastelte Osterhasen und Küken vervollständigen den Tisch. Zur Sommerzeit kann man aus dem Urlaub Steine, Muscheln und Sand mitbringen, Blumen gibt es reichlich und auch Getreidesträuße sowie Obst können einen Platz auf dem Tisch finden. Im Herbst bieten sich dann Eicheln, Kastanien, bunte Blätter, Kürbisse an und im Winter Tannenzapfen, Mistel – und Nadelbaumzweige, ein Kranz in der Weihnachtszeit sowie eventuell die immer weiter vervollständigte Krippe.[12]

Kindern gefällt es sehr, diesen Tisch aktiv mitzugestalten und sie beharren meist darauf, zum Jahreszeitenwechsel rechtzeitig neu zu dekorieren.

Auch die kleinen Rituale wie Ostereierbemalen, Ostereiersuchen, den Nikolausstiefel putzen und vor die Tür stellen, den Wunschzettel an den Weihnachtsmann schicken, den Weihnachtsbaum schmücken bis hin zum Geschenke auspacken begeistern Groß und Klein seit Jahren und werden mit großer Freude angenommen.

---

[11] Kunze, 2008, S.82

[12] Kunze, 2008, S.82-93 11

Besonders zu Weihnachten gibt es viele Unterschiede, wie man dieses Fest gestalten kann, Mancher geht in die Kirche, andere lesen sich vor der Bescherung die Weihnachtsgeschichte vor oder singen gemeinsam. Auch hier ist es wichtig, dass man nach eigenem Interesse und Bedürfnissen der Familie Rituale findet und gestaltet und diese ebenfalls übers Jahr mitwachsen lässt.

Liebevolle Erziehungshelfer – von Regeln zu Ritualen

„Mit Hilfe von Ritualen wird es leichter fallen, Regeln in das Familienleben einzuführen, Grenzen zu setzen und Kinder durch Krisen zu begleiten. Oft sind Eltern ganz erstaunt, wie bereitwillig ihre Kinder Regeln und Grenzen akzeptieren, wenn diese in ein Ritual gekleidet sind."[13]

Im weiteren Verlauf meiner Ausarbeitung werde ich nun näher darauf eingehen, was Regeln sind und was beachtet werden sollte, um Regeln zu ritualisieren.

Definition Regeln

„Eine Regel ist eine aus bestimmten Regelmäßigkeiten abgeleitete, aus Erfahrungen und Erkenntnissen gewonnene, in Übereinkunft festgelegte, für einen bestimmten Bereich als verbindlich geltende Richtlinie, Norm oder Vorschrift".

Ritualisierungen von Regeln

„Im Alltag einer Familie geht es vor allem darum, das gemeinsame Leben zu gestalten. Dafür gibt es eine ganze Reihe von Regeln, die das Zusammenleben erleichtern und es für alle angenehm machen sollen."[14]

Solche Regeln zu vermitteln, ist ein nie endender Prozess und oftmals nicht einfach, denn die wenigsten Kinder nehmen Regeln einfach so hin. Hier bietet sich an, die Regeln in Rituale zu verkleiden, welche die Kinder dann viel besser annehmen. Um dies zu erreichen, sollten jedoch einige Grundsätze beachtet werden.[15]

Dazu gehört, dass man sich bewusst machen sollte, welches Ziel mit der Regel erreicht werden soll und ob das Kind es alters- und entwicklungsgemäß

---

[13] Kunze, 2008, S.14

[14] Kunze, 2008, S.14

[15] Kunze, 2008, S.14 12

überhaupt einhalten kann. Wichtig ist auch, den Kindern zu erklären, wozu eine bestimmte Regel aufgestellt wird. Denn wenn es den Sinn versteht oder spürt, dass man Gründe dafür hat, werden Regeln bereitwillig akzeptiert. Auch sollten die Regeln für das Kind Vorteile aufzeigen, damit es sieht, dass es ebenfalls davon profitiert. Regeln sollten auf jeden Fall eingehalten werden, bis sie zusammen ersetzt oder aufgelöst werden. Wichtig ist besonders, dass Regeln gemeinsam mit dem Kind vereinbart werden. Auch für die Ritualisierung der Regel sollte das Kind aktiv eingebracht werden, denn oftmals sind sie erfinderisch was Rituale betrifft und was selbst mit erarbeitet wurde, ist leichter einzuhalten.[16]

So kann das abendliche zu Bett gehen schöner werden, wenn es vorher eine Geschichte gibt oder das morgendliche Waschen geht leichter mit einem Waschlied. Viele Eltern werden überrascht sein, wie einfach und ohne Probleme manches geht, wenn man Regeln ritualisiert. Rituale sind vielseitig nutzbar, dennoch haben auch sie Grenzen, was ich nun näher erläutere.

Grenzen von Ritualen

Rituale können bei der Erziehung helfen, sie können aber niemals diese ganz ersetzen. So sinnvoll und notwendig Rituale sind, sie bergen auch Gefahren in sich. So können Rituale starr und inhaltsleer werden, wenn sie nicht mehr hinterfragt und reflektiert werden, sondern einfach nur aus Gewohnheit und Bequemlichkeit vollzogen werden. Dann geben sie die Sicherheit, welche sie vermitteln sollten nicht mehr sondern werden als Zwänge empfunden. Wenn Kinder die Rituale nicht annehmen und diese ihnen keine Freude machen, sollte man auch nicht auf die Rituale beharren. Rituale sollen vor allem eins – Spaß machen!

Umso größer die Kinder werden, umso weniger Wert legen sie vielleicht auf bestimmte Rituale. Dies sollte man akzeptieren und sich darauf einlassen. Auch sollte man sich bewusst machen, dass es keine Strafrituale wie das „in-der-Ecke-stehen" geben darf. Denn Rituale dürfen nie zur Machtausübung missbraucht werden!

„Nur Rituale, die neuen Anforderungen immer wieder angepasst werden, die also flexibel sind und auch einer kritischen Prüfung standhalten, helfen im Alltag und machen unser Leben reicher und schöner – und nur diese Rituale

---

[16] Kunze, 2008, S.15

sollten wir unseren Kindern weitervermitteln!".[17]

2. Teil

Vorbereitung

Zu den Vorbereitungen für die Erstellung der Ausarbeitung gehörte an erster Stelle die Sammlung von Literatur verschiedenster Art zu meinem ausgewählten Thema „Rituale für Kinder". Ich recherchierte in verschiedenen Bücherläden nach Literatur zum Thema und suchte auch nach Onlineseiten, welche eventuell brauchbar zu verwenden wären. Die nächste Zeit verbrachte ich damit, diese durchzugehen und mir persönlich einen groben Überblick zu verschaffen, was ich alles in den Theorieteil meiner Arbeit hineinbringen möchte und welche Materialien dieser Sammlung verwendbar waren.

Nachdem dies erledigt war, überlegte ich, welche Art der Untersuchungsmethoden ich verwenden wollte. Meine Wahl fiel kurz darauf auf die Form der Fragebögen, da ich der Meinung war, diese wären am einfachsten breit zu verteilen und auszuwerten. Auch machte ich in einem ausgewählten Kindergarten ein Termin für ein einwöchiges Praktikum aus, um Beobachtungen zu machen, Informationsmaterial direkt vor Ort zu sammeln, Fragebögen auszuteilen und um Ansprechpartner bei Fragen zu meinem Thema zu haben.

Erstellung der Fragebögen

Zu erst plante ich zwei verschiedene Arten für Fragebögen, einen für die Erzieher (siehe Anhang I. Fragebogen für Erzieher) und einen für die Kinder (siehe Anhang II. Fragebogen für Kinder). Ich begann damit, eine Erklärung für die Erzieher zu schreiben, wofür die Fragebögen gedacht sind, was unter Ritualen laut der Begrifflichkeit zu verstehen ist, sowie ihnen Hinweise zum Ausfüllen dieser mitzugeben.

Ich verwendete bei den Fragebögen die geschlossenen Fragen, d.h. nach dem Prinzip der Ausschließlichkeit, da dies auch für die Auszufüllenden schneller und einfacher geht. Dazumal sind diese Antwortmöglichkeiten mit „Ja", „Nein" oder „Gelegentlich" leicht zu vergleichen und auszuwerten. Auch offene Fragen fanden Verwendung, da ich bei bestimmten Fragen mit keinen vorgegebenen

---

[17] Kunze, 2008, S.13

Antworten beeinflussen wollte, da dies meiner Meinung nach das Ergebnis verfälscht hätte. Hierbei kann der Befragte schreiben, was ihm besonders wichtig zu dem Thema erscheint.

Bei dem Ausarbeiten des Theorieteiles fiel mir auf, dass es nicht nur die Erzieher sind, welche Rituale pflegen und durchführen, sondern dass das auch oftmals in den Familien selber Anklang findet. Daher erstellte ich ebenfalls für die Eltern einen Fragebogen, welcher mit offenen sowie geschlossenen Fragen versehen ist (siehe Anhang III. Fragebogen für Eltern).

Kritische Einschätzung der gewählten Methoden

Während des einwöchigen Praktikums verteilte ich die Fragebögen an die Erzieher dieser Einrichtung, sowie in 6 anderen Kindertageseinrichtungen der Umgebung. Dabei legte ich Wert darauf, sie so früh wie möglich auszugeben, da ich damit rechnete, dass die Rückgabe dieser am meisten Zeit in Anspruch nehmen würde. Meine Befürchtungen in diesem Sinne bewahrheiteten sich, da ich mehrmals in den Einrichtungen nachfragen musste, ehe ich ein paar ausgefüllte zurückbekam. Die meisten Erzieher fanden Zeit, um mir meinen Fragebogen auszufüllen, lasen aber scheinbar nicht mein Informationsblatt dazu. Dies merkte ich vor allem daran, dass meine Bitte in vollständigen Sätzen bei den offenen Fragen zu antworten, vollständig nicht beachtet wurde. Bei den Eltern spiegelte sich das gleiche Verhalten im Umgang mit dem Informationsschreiben wieder und ich erhielt auch nur bruchstückhaft die Anzahl zurückm die ich ausgegeben hatte. Ich vermute, dass viele Eltern einfach keine Lust und auch kein Interesse daran hatten, sich nachmittags bzw. abends noch hinzusetzen und meinen Fragebogen auszufüllen. Auch einen weiterer Punkt der mangelnden Rückgabe meiner Fragebögen vermute ich darin, dass zur selben Zeit mehrere Fragebögen verschiedener Ausarbeitungen im Umlauf waren, so dass die Eltern sowie Erzieher irgendwann damit überrannt wurden und keine Zeit mehr dafür opfern wollten.

Beim gemeinsamen Ausfüllen der Fragebögen für die Kinder bemerkte ich, dass viele Kinder nicht verstehen und einschätzen konnten, was ich fragte und entschloss mich daher, vor allem auch aus Zeitgründen , diese Art der Fragebögen vollständig wegzulassen und mich nur auf die Bögen für die Eltern sowie Erzieher zu konzentrieren.

Mit meiner eingeplanten Zeit der Fragebögen war ich weitgehend zufrieden, da ich genügend zurückbekam, um diese auswerten und verwenden zu können.

Meine Planung, während des Praktikums Beobachtungen zum Thema durchzuführen, wurde durcheinander geworfen, da die gemeinsame Terminfindung mit der Einrichtung mitten in den Sommerferien lag, wo viele Kinder bereits im Urlaub waren. Dazu kam, dass die wenigen vorhandenen Kinder gemeinsam mit der Erzieherin nicht den üblichen Tagesablauf mit den Ritualen pflegten, sondern eine Art Ausnahmezustand herrschte, was das Beobachten zum Thema nicht möglich machte. Auch kam in dieser Woche der Arzt, um die Vorschulkinder zu untersuchen, was den Tagesablauf zusätzlich durcheinander brachte.

Ich nutzte die Zeit in dieser Woche statt dessen dazu, stattdessen mich mit meiner Mentorin zum Thema der Ausarbeitung in der hauseigenen Bibliothek umzuschauen, um weiteres Material zu sichten, Informationen herauszuschreiben und bereits mit den ersten theoretischen Ausarbeitungen zu beginnen. In diesem Sinne nutze mir das Praktikum sehr viel, da ich mehrere ErzieherInnen zur Verfügung hatte, sobald meinerseits Fragen auftauchten. Auch kam ich ein großes Stück mit der Ausarbeitung voran und konnte die Zeit anderweitig sinnvoll nutzen. Beim Auswerten der Fragebögen fiel mir außerdem auf, dass ich einige Fragen gestellt habe, die für meine Ausarbeitung inzwischen in meinen Augen keine große Bedeutung mehr haben. So stellte ich z.B. den Erziehern die Frage welche Rituale sie weglassen würden, wenn sie die Möglichkeit hätten und warum. Allerdings konnte ich die gegebenen wenigen Antworten nicht in meiner Arbeit festhalten und verwenden.

Dafür habe ich aber viele Erfahrungen mit der Arbeit von Fragebögen gemacht und konnte auch viel für mich selbst und meiner zukünftigen Arbeit mitnehmen. Im weiteren Verlauf meiner Ausarbeitung folgt nun die Auswertung meiner Fragebögen.

Auswertung

Befragt wurden insgesamt 12 Eltern mit Kindern im Alter von 4 Monaten bis 12 Jahren und 8 Erzieher aus unterschiedlichen Einrichtungen mit Kindern unterschiedlicher Altersgruppen von Krippe bis Schule/Hort.

Ein Teil meiner Untersuchung war es herauszufinden, wie viele Eltern und Erzieher in ihrem Alltag Rituale tatsächlich nutzen. Dabei konnte ich erkennen, dass von 12 befragten Eltern alle Rituale einsetzen, was im Anhang bei Diagramm 1 ersichtlich wird. Auch die befragten 8 Erzieher geben alle an, dass sie in ihrer Arbeit ebenfalls alle Rituale einbinden (s. Diagramm 2 im Anhang).

Ein weiterer Punkt meiner Untersuchungen war es, herauszufinden, welche Rituale überhaupt regelmäßig verwendet werden. Die Ergebnisse präsentieren sich in nachfolgender Tabelle. Dabei sind die Ergebnisse nach der Häufigkeit sortiert, d.h. die zuerst genannten Rituale wurden am häufigsten genannt, die nachfolgenden in geringerer Gesamtzahl. (Siehe auch Zahlen in Klammern)

Verwendete Rituale	
Kindergarten/Krippe/andere Einrichtungen	**Elternhaus**
- Tischspruch (8)	- Einschlafgeschichte (11)
- Begrüßen & Verabschieden (5)	- Einschlaflied (6)
- Lieder zum Raus- / Reingehen (5)	- Gemeinsames Frühstücken (5)
- Lieder zum Waschen (5)	- Abschied im Kindergarten/Schule (4)
- Feste (5)	- Sandmann anschauen (3)
- Einschlafgeschichte/Einschlaflied (4)	- freitags gemeinsam Film schauen (2)
- Morgenkreis (3)	- Wochenende im Elternbett schlafen (2)
- Aufräumrituale (2)	- Tischspruch (1)
- Massagen vor dem Einschlafen (1)	- Gebet vor dem Schlafen (1)
- Gebet vor dem Schlafen (1)	- Feste feiern (1)
	- Gemeinsame Kuschelzeit (1)
	- Zahnputzlied (1)

- Tischspruch (8) – Einschlafgeschichte (11)

- Begrüßen & Verabschieden (5) – Einschlaflied (6)

- Lieder zum Raus- / Reingehen (5) – Gemeinsames Frühstücken (5)

- Lieder zum Waschen (5) – Abschied im Kindergarten/Schule (4)

- Feste (5) – Sandmann anschauen (3)

- Einschlafgeschichte/Einschlaflied (4) – freitags gemeinsam Film schauen (2)

- Morgenkreis (3) – Wochenende im Elternbett schlafen (2)

- Aufräumrituale (2) – Tischspruch (1)

- Massagen vor dem Einschlafen (1) – Gebet vor dem Schlafen (1)

- Gebet vor dem Schlafen (1) – Feste feiern (1)

- Gemeinsame Kuschelzeit (1)

- Zahnputzlied (1)

Diese Auswertung zeigt mir, dass viele Rituale die ich im Theorieteil aufgezeigt habe, weit verbreitet sind, egal ob in der Einrichtung oder daheim. Vor allem gerade der Tischspruch und die Lieder zum Gestalten der Übergänge im Tagesablauf, wie z.B. beim Rausgehen oder dem Waschen sind in den Einrichtungen weit verbreitet und werden häufig genutzt. Überraschend fand ich, dass besonders der Morgenkreis relativ selten aufgezählt wurde, scheinbar verliert dieser im Wandel der Zeit an Bedeutung.

Besonders häufig kam wiederum die Einschlafgeschichte bei den Eltern zum Vorschein, nachfolgend gleich vom Einschlaflied. Auch auf das gemeinsame Essen, wie in meinem I. Teil erläutert, findet viel Anwendung, besonders zur Frühstückszeit. Einige der Eltern haben sich mit ihren Kindern individuelle Rituale geschaffen, wie z.B. der gemeinsame Film immer freitags oder auch das gemeinsame Schlafen im Elternbett am Wochenende. Hier erkennt man sehr schön, dass Rituale sehr individuell sind und gemeinsam mit den Kindern im Tagesablauf ausgedacht und integriert werden können, wie ebenfalls in meinem Theorieteil erwähnt. Im weiteren Verlauf meiner Arbeit versuchte ich herauszufinden, inwieweit es sich bemerkbar macht, wenn bekannte Rituale wegen Zeitmangel oder anderen Gründen weggelassen werden müssen. Hier sagten von insgesamt 20 Befragten, 18 Personen, dass sie einen Unterschied im Verhalten der Kinder bemerken würden und jeweils 1 Befragter sagte Nein bzw. gelegentlich. (siehe Anhang Diagramm 3)

Dabei meinten von 8 befragten Erziehern, dass es sich am deutlichsten durch Unruhe bemerkbar macht, gefolgt von Unsicherheit der Kinder, Nachfragen wo die gewohnten Rituale bleiben sowie dass die Kinder sich schwerer zurechtfinden im weiteren Tagesablauf. Wenige bemerkten auch eine wachsende Lautstärke sowie das Austesten der bekannten Grenzen. (siehe Anhang Diagramm 4)

Daraus lässt sich ableiten, dass Rituale für Kinder eine sehr hohe Bedeutung haben, denn, wie bereits im I. Teil beschrieben, geben sie den Kindern nicht nur Sicherheit, sondern strukturieren auch den Tagesablauf und helfen so, den Tag stressfrei und in gewohntem Ablauf zu meistern. Bereits die kleinste Veränderung der gewohnten eingebauten Rituale verunsichern die Kinder und machen sich durch Verhaltensänderungen bemerkbar. Hieran erkennt man die Besonderheit der Rituale, nämlich dass sie sich immer wiederholen sollten und somit auch schnell lieb gewonnen werden.

Auch bei den Eltern machte es sich sehr ausgeprägt bemerkbar, wenn gewohnte Rituale einfach weggelassen werden. Sie berichteten von Unruhe der Kinder, Nachfragen nach bekannten Ritualen, das Durcheinanderkommen im weiteren Tagesablauf, Enttäuschung der Kinder, Unsicherheit sowie erhöhten Stress im weiteren Verlauf des Tages. (siehe Anhang Diagramm 5) Außerdem kann man im Vergleich zwischen den Eltern und den Erziehern erkennen, dass sie oft von denselben Auffälligkeiten sprechen, wenn lieb gewonnene Rituale einfach so weggelassen werden. Es liegt also nicht an dem Umfeld, wo die Rituale angewendet werden, sondern vor allem daran, wie gern die Kinder diese gewonnen haben. Denn Rituale die keinen Spaß machen, werden auch nicht vermisst und machen sich nicht im Verhalten der Kinder bemerkbar, wie ich ebenfalls im Theorieteil erläuterte.

Durch meine Befragung konnte ich also meine These belegen, dass Rituale für Kinder ein wertvolles pädagogisches Hilfsmittel sind. Sie helfen, nachgewiesen im gesamten Alltag, den Kindern, Eltern aber auch Erziehern darin, einen strukturierten, übersichtlichen und mit Spaß gefüllten Tag zu verleben und unterstützen die Erziehung positiv und nicht nur im Zusammenhang mit Regeln und Zwängen.

Fazit

Während meiner gesamten Ausarbeitung des Themas erfuhr ich viel über die Verchiedenartigkeit der Rituale, und wie sie entstehen und wie vielseitig sie genutzt werden können. Viele Gedanken beherrschen mich seitdem auch im Hinblick meiner späteren Arbeit als Erzieherin. Ich reflektierte für mich selbst, welche Rituale ich für praktisch und sinnvoll empfinde, genauso aber, welche ich später gerne umsetzen würde. Viele kennengelernte Rituale haben sich bereits schon in meine Praktika eingeschlichen, welche aber nie direkt als solche wahrgenommen wurden. In dieser Hinsicht bin ich dank meiner Ausarbeitung viel empfänglicher und aufmerksamer dafür geworden.

Momentan scheinen Rituale in der Familie wieder auf dem Vormarsch zu sein, denn dies zeigen zwei Zeitungsartikel der letzen Wochen zu diesem Thema. (siehe Anhang 1 und 2) Hingegen vermute ich aber, dass Rituale gerade in der heutigen hektischen Zeit im Elternhaus immer weniger auftauchen werden und dieses Thema dadurch gerade für die Arbeit der Erzieher an Bedeutung gewinnen wird. Dafür sollten sich alle Erzieher mit diesem Thema auseinandersetzen und ihre eigene Arbeit in dieser Hinsicht reflektieren – denn Rituale sind eine sehr schöne Sache die vor allem auch Spaß und Freude macht, nicht nur den Kindern sondern auch den Erwachsenen!

Man sollte hinter Ritualen auf keinen Fall irgendwelche Zwänge sehen, die den Kindern in irgendeiner Form dargebracht werden müssen, sondern wirklich liebgewonnene Gewohnheiten, mit denen gewisse Tagesabläufe spielerisch und methodisch unterstützt werden. Man könnte es auch als Ablenkung vom inneren "Schweinehund" sehen, denn wie oft muss man ein Kind z.B.: daran erinnern, sich die Hände waschen zu müssen. Der Gemeinschaft untereinander ist ein Ritual allemal dienlich.

Ich bin mir nach meinen Erlebnissen und Erkenntnissen sogar sicher, dass eine optimale Erziehung im Kindesalter, ein geregelter Tagesablauf in den Einrichtungen und zu Hause ohne Rituale, welcher Art auch immer – abhängig von den strukturellen (wie z.B. Glaubensrichtungen) oder persönlichen Bedingungen – gar nicht möglich ist.

Des weiteren kann man Rituale durchaus als Entwicklungshelfer sehen. In bestimmten Ritualen wird z.B. ein Stück "Erwachsenwerden" deutlich. So beim gemeinsamen und vor allem aber ohne Zeitdruck stattfindenden Frühstück lernen die Kinder, ihres Alters entsprechend, die Frühstücksbrote oder -brötchen selbst zu schmieren. Eine deutliche Wirkung eines Rituals, wenn auch völlig unbewusst und verborgen.

Quellenangabe

Bücher

Helbig, E. & Sieber, T. (2010). Schätze im Kindergartenalltag – Situationen im Tagesablauf pädagogisch nutzen. Berlin & Düsseldorf: Cornelsen Sriptor.

Kovacs, H. & Kaltenthaler, B. (2005). Mein Kind braucht Regeln. Bindlach: Gondrom.

Kunze, P. & Salamander, C. (2000). Die schönsten Rituale für Kinder. Augsburg: Weltbild.

Patzlaff, R. & Saßmannsraußer. (2005). Kindheit – Bildung – Gesundheit Leitlinien der Waldorfpädagogik für die Altersstufe von 3 bis 9 Jahren. Stuttgart: Pädagogischen Forschungsstelle beim Bund der Freien Waldorfschulen e.V.

Zeitungsartikel

Lehmann, Jenny. (2010). Vom Zauber der Rituale. Bleib Gesund, 2010 (Heft 5), S. 6-9.

Online – Angaben

http://kitapoint.de/kindergarten/tischspruche.html (18.10.2010)

http://de.wikipedia.org/wiki/Ritual (14.10.2010)

http://www.zeit.de/zeit-wissen/2006/06/06_Rituale.xml (18.10.2010)

Anhänge

Tischsprüche

Heute kocht die Hasenmutter auf dem Ofen Hasenfutter. Rührt im Topf 1, 2, 3- Grünkohl, Kraut, Kartoffelbrei und zum Nachtisch 5, 6, 7- gibt es süße Rüben Bolle, bolle, bolle, der Tisch ist so volle. Der Bauch ist so leer, er brummt wie ein Bär. Er brummt wie ein Brummer: "Guten Hunger!" Hippel di Wippel die Wurst hat zwei Zippel, der Schinken vier Ecken, drum lasst es euch schmecken. Es war einmal ein Krokodil, das fraß und fraß unheimlich viel. Es schmatzte und schmatzte (Kinder *schmatzen*) bis es dann platzte (Kinder *schlagen auf den Tisch*) Norden, Westen, Süden, Osten von diesem Essen möcht ich kosten. Norden, Osten, Süden, Westen, mit euch schmeckt es am besten!

Jeder esse was er kann, nur nicht seinen Nebenmann. Und da sind wir ganz genau, auch nicht seine Nebenfrau. Und hat er sie doch gegessen Zähneputzen nicht vergessen! Wenn wir beieinander sitzen, nicht mehr durch das Zimmer flitzen, schnuppern wir die Mittagszeit und die Teller stehn bereit. Wer noch laut war ist jetzt still, weil ein jeder essen will. Wer kommt denn da geflogen? Ein kleiner Regenbogen! Der isst heute bei uns mit. Guten Appetit! Egal ob Gemüse, Suppe oder Grießbrei, wichtig ist DU bist dabei. Und auch das es schmeckt, was man sich in den Mund hinein steckt. Auch wenn Du denkst es schmeckt Dir nicht, solltest du es mal probieren, du kannst nichts dabei verlieren! Vom Mittagessen ein herrlicher Duft liegt schon verbreitet in der Luft. Kommt gebt eure Teller her, wenn es schmeckt, dann gibt es gerne mehr!

Zeitungsausschnitt AOK „Vom Zauber der Rituale"

Zauber der Rituale

ERZIEHUNG | Sie geben Familien im mitunter hektischen Alltag Halt und begleiten Menschen von der Geburt bis zum Tod. Über die Kraft von Ritualen.

Der Sonntagmorgen gehört bei den Vogels der ganzen Familie. Denn dann dürfen die Kinder ausnahmsweise ins Bett der Eltern: um ausgiebig zu kuscheln und – bei einem ersten Kaffee für Mama und Papa und einem Kakao für Dennis und Lisa – den beginnenden Tag zu planen. Jeder darf dann sagen, worauf er Lust hat, und der Familienrat stimmt ab.

Rituale wie das der Vogels kennt jeder. Sie ziehen sich durch das Leben und oft sind sich die Menschen dessen gar nicht bewusst. Man merkt erst, dass etwas fehlt, wenn man zum Beispiel am Mittagstisch sitzt und keiner „Piep, piep, piep, wir haben uns alle lieb, Guten Appetit!" sagt. Oder wenn die Gute-Nacht-Geschichte aus Zeitmangel ausfallen muss. Oder wenn es zum Geburtstag mal nicht Mamas selbst gemachten Käsekuchen gibt. Rituale wiederholen sich und laufen stets gleich ab. So graben sie sich tief ins Gedächtnis ein, geben den Menschen Sicherheit und dem Alltag Struktur. Christoph Wulf, Professor für Erziehungswissenschaften an der Freien Universität Berlin und Experte auf dem Gebiet der Rituale, geht noch weiter: „Ohne sie können wir nicht zusammenleben. Durch Rituale werden Gemeinschaften erzeugt. Das fängt schon beim Begrüßen an: Die einen geben einander die Hand und die anderen küssen sich links und rechts auf die Wange."

Für Kinder sind Rituale besonders wichtig. Sie prägen die Kindheit, geben Halt und das Gefühl der Geborgenheit. Heute, da dem Nachwuchs ständig Neues geboten wird, teilen Rituale Tage und Monate in „Zeithäppchen" und nehmen so die Angst vor dem Ungewissen. Besonders kleine Kinder lieben einmal eingeführte Traditionen und halten sich gerne daran. Bei größeren Kindern helfen sie dann langes Diskutieren über Alltagstätigkeiten zu vermeiden: Wenn es schon früh üblich ist, dass die Kinder sonntags den Frühstückstisch decken, wird es darum keine Diskussionen geben – zumindest bis zur Pubertät. Und nicht zuletzt sind Rituale wichtig für die Gesundheit. Das hat die ▶▶

FAMILIE & BERUF

Rituale für Kinder

Diese Rituale haben sich im Alltag bewährt und dürfen gerne übernommen werden.

(Mamas Käsekuchen), kann für den anderen vollkommen überflüssig sein (Kuchen vom Bäcker tut es auch!). Und oft ist es nicht leicht zu sagen, was Gewohnheitssache ist und was ein Ritual. Der Experte hilft weiter: „Gewohnheiten sind einfach nur Wiederholungen, die unbewusst ablaufen. Ihnen fehlt der soziale Charakter." Dagegen sind bewusste Rituale gut für die Seele, denn sie können durch Krisen helfen. Zum Beispiel, wenn die längst erwachsenen Kinder wieder Zuflucht bei den Eltern suchen und sich gegen ihren Liebeskummer Mamas Hühnersuppe kochen lassen, so wie früher als sie krank waren. „Rituale zeigen, wer und was zusammengehört", sagt Wulf. Bei den Vogels eindeutig die Familie, der Sonntagmorgen, ausgedehntes Kuscheln, Kaffee und Kakao.

Jenny Lehman, E-Mail: leserservice@plus.aok.de

Online-Zeit -Zeitungsausschnitt

Rituale

Piep, Piep, Piep – Guten Appetit!

Küsse zur Begrüßung, Reime am Esstisch, die Einstandsfeier für den neuen Kollegen: Unser Alltag steckt voller Rituale. Ohne sie funktionieren Gesellschaften nicht, sagen Anthropologen

Wer wissen will, wie unsere Gesellschaft wirklich funktioniert, muss sich für die Unterschiede zwischen Frühstücksbroten und Schulbroten interessieren. Auf dem Frühstückstisch von Familie Zobel aus Berlin stehen zum Beispiel: Toast, Knäckebrot, Graubrot, Vollkornbrot, Butter und Margarine, Mortadella, Salami, Camembert, Streichkäse, Orangen- und Erdbeermarmelade. Entscheidend ist nun die Frage: Wer schmiert?

Ergebnis der Feldforschung: Nur die Frühstücksbrote werden bei Zobels noch von der Mutter zubereitet. Die Pausenbrote für die Schule müssen sich die 12-jährigen Zwillinge Anna und Björn sowie die 9-jährige Carolin selbst schmieren.

Dieser vermeintlich banalen Tatsache entnimmt die Wissenschaft einen tieferen Sinn: Die Schulbrote markieren nicht nur den »kulinarischen Übergang von der Institution Familie zur Schule, sondern zugleich den Ablösungsprozess der jüngeren Generation«, sagt Kathrin Audehm vom Arbeitsbereich Anthropologie an der FU Berlin. Indem die Kinder die »Selbstversorgung für die für sie relevante Institution lernen, werden sie ein Stück weit mehr zu Erwachsenen«. Das Schmieren der Brote sei ein im Alltag eingebautes, leicht zu übersehendes, aber gut funktionierendes Übergangsritual.

»Erziehung bei Tisch. Zum Zusammenhang von Ritual und Performativität« lautet der Arbeitstitel von Audehms Doktorarbeit. Anthropologen in aller Welt haben ein neues Forschungsgebiet entdeckt: Alltagsrituale. Früher studierten sie das Klassenbewusstsein brasilianischer Plantagenarbeiter oder Fruchtbarkeitstänze im afrikanischen Busch, heute finden sie ihre Forschungsobjekte in der eigenen Nachbarschaft, mitten in der modernen Gesellschaft.

In Berlin machen sich Kathrin Audehm und andere Doktoranden unter Anleitung des Anthropologen Christoph Wulf mit Videokamera und Notizblock auf Ritualsuche. In Heidelberg haben sich 50 Wissenschaftler aus 15 Fächern zum Sonderforschungsbereich Ritualdynamik zusammengeschlossen, und auch in Mainz, in der Schweiz, in Frankreich und in den USA beschäftigen sich immer mehr Forscher mit Ritualen.

Erst seit Ende der 80er Jahre erkennen die Wissenschaftler, dass Rituale auch in modernen Gesellschaften eine zentrale Rolle spielen – man hatte sie nur übersehen, weil sie sich im Alltag verbergen.

Rituale machen das Zusammenleben überhaupt erst möglich. Schon beim Begrüßen ist es hilfreich, wenn man weiß, was zu tun ist: Wangenküsschen in Frankreich, Händeschütteln in Deutschland oder Smalltalk übers Wetter in England. Und auch der kurze Kuss zwischen Liebenden, bevor sie schlafen gehen, hat eine tiefere Bedeutung, als lediglich Zärtlichkeit zu vermitteln. »Häufig werden diese Rituale erst dann bewusst vermisst, wenn sie einmal vergessen oder im Streit nicht vollzogen werden«, schreibt Lorelies Singerhoff in ihrem soeben erschienenen Buch Rituale (mvg Verlag). »Die Macht der Alltagsrituale liegt darin, dass sie sich unendlich geschickt anpassen«, sagt der Anthropologe Christoph Wulf.

Rituale können dem Kalender folgen, wie Weihnachten oder das Sonnenwendfest. Sie können als rites des passages Übergänge in neue Lebensphasen markieren, etwa zu Geburt, Mannbarkeit, Hochzeit und Begräbnis. Wenn kleine Kinder am ersten Schultag mit ihrer Schultüte nach Hause gehen, tragen sie das weithin sichtbare Zeichen für einen neuen, wichtigen Lebensabschnitt vor sich her.

Rituale können aber auch ereignisbezogen stattfinden und sogar helfen, Krisen zu bewältigen. Ein Begräbnis läuft nach einem seit Generationen gleichen Ritus ab und bietet den Hinterbliebenen eine stabile Struktur, an der sie sich in ihrer Trauer festhalten können und innerhalb deren sie Abschied nehmen können.

Der neue Mitarbeiter wird mit einer Einstandsfeier in die Gemeinschaft des Betriebs aufgenommen. Und wenn das Kind zu Beginn jedes Mittagessens mit den Eltern kräht: »Piep, piep, piep, wir hab'n uns alle lieb. Piep, piep, piep: guten Appetit«, dann hat auch das eine Bedeutung. Das Kind vergewissert sich, dass die Familie fortbesteht und sich damit die Welt weiter dreht. An keinem anderen Ort werde ein Mensch so stark sozialisiert wie am Tisch, schreibt Lorelies Singerhoff. »Essensrituale zielen auf korrektes gemeinsames Handeln, das für alle verbindlich ist.«

Christoph Wulfs These lautet: »Ohne Rituale wäre Gemeinschaft nicht möglich.«

Das gilt selbst im Badezimmer. »Zähneputzen ist nicht immer nur Saubermachen, sondern auch ein Reinigungsritual, wie man es aus vielen Kulturen auch im religiösen Bereich kennt«, sagt Wulf. Gerade Kinder putzen sich exzessiv und mit viel Selbstdarstellung die Zähne. Sie zelebrieren so den Übergang vom Tag zur Nacht. »Eigentlich ist das leicht zu erkennen«, sagt der Anthropologe. »Man muss nur bereit sein, eine soziale Handlung oder eine Körperbewegung als ein Zeichen zu sehen, das auch etwas anderes bedeuten kann. Dann lässt sich die Welt wie ein Text lesen. Zwischen den Zeilen sind Botschaften versteckt.«

Rituale bringen durch ihre Festlegung und Wiederholung einen vertrauenerweckenden, beruhigenden Hintergrund ins Leben, hat Singerhoff festgestellt. Kindern, denen jeder Tag eine Fülle von Neuigkeiten bringt, gibt es ein Gefühl der Sicherheit, wenn sich manche Dinge nicht ändern: Jeder Abend muss vom Vorlesen der Gutenachtgeschichte bis zur exakten Reihenfolge Kuss – Zudecken – Licht aus genau gleich ablaufen. Und wehe, wenn der Babysitter dieses Ritual nicht kennt!

»Gerade in Zeiten sozialer Unsicherheit gibt es wieder ein erhöhtes Bedürfnis nach Ritualen«, das beobachtet Christoph Wulf auch bei Erwachsenen. »Außerdem erleben wir heute eine Ausdifferenzierung der Gesellschaft in viele heterogene Gruppen, die jeweils ihre eigenen rituellen Formen entwickeln, mit denen sie Inklusion und Exklusion beschreiben.« Mit ihrem ausgeklügelt choreografierten Handschlag demonstriert eine Jugendgang allen Außenstehenden nicht nur, wie cool sie ist, sondern vor allem: »Ihr gehört bei uns nicht dazu.«

Rituale können auch helfen, Konflikte zu bewältigen. Kathrin Audehm beobachtete eine Zeit lang die alleinerziehende Susanne Maier und ihre zwölfjährige Tocher Dorothea bei Mittag- und Abendessen. Die Mutter legt Wert auf salzarmes Essen, der Tochter schmeckt es dann immer zu fade. Intuitiv haben die beiden ein sich täglich wiederholendes Ritual entwickelt: Die Mutter vergisst bei jeder Mahlzeit, Salz auf den Tisch zu stellen. Wenn sie fragt: »Schmeckt es?«, antwortet Dorothea mit »Ja«, bemängelt aber das fehlende Salz. Zu viel Salz sei ungesund, erklärt daraufhin die Mutter, erlaubt der Tochter aber trotzdem, den Salzstreuer zu holen.

Die beiden finden in einem sozialen Theater zusammen, ohne ihre Positionen aufzugeben. Vor allem die Mutter rette die Gemeinschaft, »indem sie trotz Differenzen den Geschmack ihrer Tochter akzeptiert«, erklärt Audehm. Umgekehrt kann ein Ritual aber auch die Autorität eines Familienmitgliedes verdeutlichen: Obwohl alle drei Kinder der Familie Zobel Milch trinken, steht ausgerechnet die Kaffeekanne mitten auf dem Tisch, und nur der Vater fasst sie an – ein Zeichen für seine Autorität.

»Das Schöne an den Ritualen ist, dass man nicht an sie glauben muss«, sagt der Indologe Axel Michaels, Sprecher des Sonderforschungsbereichs Ritualdynamik an der Universität Heidelberg, »man muss sie einfach nur machen.« Deshalb ist es auch für viele ungläubige Jugendliche selbstverständlich, zur Konfirmation oder zur Firmung zu gehen. »Auch bei einer Hochzeit müssen die Eheleute nicht an die ewige Liebe glauben, damit das Ritual gültig ist.«

Der französische Ethnologe Christian Bromberger sieht selbst im allwöchentlichen Besuch eines Fußballstadions ein gemeinsames Erleben, das die »Kontinuität des kollektiven Bewusstseins« sichert.

So tief ist das rituelle Bedürfnis des Menschen, dass manche Wissenschaftler sogar einen biologischen Hintergrund vermuten. Der angesehene Züricher Altphilologe Walter Burkert etwa spekuliert über Analogien zum Tierreich: Wenn beispielsweise eine Eidechse einem Verfolger ihren Schwanz opfert, erkennt Burkert darin ein »Teil-Opfer um des Überlebens willen, in einer Situation von Verfolgung, Gefahr und Angst«, ähnlich einem Reisenden in Afrika, der während einer Bootsfahrt in einen Sturm geriet. »Da begann der wohlhabende Passagier, Dollarnoten in die aufgewühlten Wellen zu werfen.« Der ängstliche Mann habe in magischer Absicht das Eidechsen-Schema übernommen.

Menschen brauchen Rituale, das zeigte sich umso deutlicher, nachdem die 68er in Westdeutschland erfolgreich gegen Traditionen und Bräuche aufbegehrt hatten. Nach Abschaffung der Talare wurden Diplomzeugnisse und Promotionsurkunden einfach mit der Post zugestellt. Das war zwar antielitär, aber unpersönlich. Und so begingen im Juli 2005 erstmals wieder 700 Studenten der Universität Bonn in Talar und Barett auf der Hofgartenwiese feierlich ihre Abschlussfeier. Und wer kennt nicht die Geschichten von befreundeten Paaren, die trotz aller religiöser Skepsis in der Kirche heiraten? »Weil's so feierlich ist!«

»Die Kraft der Rituale zeigt sich besonders deutlich in den Kulturen des Rausches«, sagt Henrik Jungaberle, wissenschaftlicher Mitarbeiter am Institut für Medizinische Psychologie der Universität Heidelberg. »Warum führt der Drogenkonsum manche Menschen in die Verelendung, während andere Gelegenheits- oder Feierabendkonsumenten bleiben, die ein ganz normales, bürgerliches Leben führen?« Jungaberles Hypothese zufolge regulieren Rituale den Drogenkonsum.

Zehn Jahre lang werden er und seine Kollegen die Anhänger der auch in Deutschland wirkenden synkretistischen Santo-Daime-Kirche aus Brasilien erforschen, die den Genuss von Ayahuasca in das Zentrum ihres Kultes gestellt hat. Obwohl Ayahuasca als eines der stärksten Halluzinogene überhaupt gilt und schwerste Nebenwirkungen entfalten kann, landen seine Konsumenten selten in Drogenkliniken. Ein Grund könnte sein, vermutet Jungaberle, dass die typische Ayahuasca-Session streng ritualisiert in einer Gruppe abläuft.

Die Ergebnisse der Heidelberger Studie könnten helfen, die regulierende Kraft der Rituale auch für den Umgang mit anderen Drogen zu nutzen. »Rauscherlebnisse zu kultivieren, statt sie auszugrenzen, sollte im Interesse aufgeklärter Gesellschaften sein«, sagt Jungaberle. »Und dafür brauchen wir Rituale.«

»Kirchliche Rituale und politische Zeremonien können auch Demonstrationen von Macht sein«, analysiert Lorelies Singerhoff in ihrem Buch. »Sie wirken dadurch, dass sie ihre Zuschauer emotional anrühren und in ihren Bann ziehen. Die an rituellen Handlungen teilnehmenden Menschen glauben an die Notwendigkeit und die Funktion der Rituale und erzeugen auch durch ihren Glauben deren Wirkungen.«

Rituale können überdies Menschen helfen, in der Gesellschaft zu bestehen. Sie halten die Gemeinschaft zusammen, müssen sich aber den Zeitläuften anpassen. Nur wenige Riten überstehen die Jahrhunderte einigermaßen unverändert wie das beispielsweise die Zeremonien der katholischen Kirche geschafft haben.

»Rituale gehen eine Zeit lang gut, werden dann aber immer wieder infrage gestellt«, sagt der Indologe Axel Michaels. Sie können hohl werden, wenn wie im Wahlkampf nur noch Phrasen gedroschen werden. Sie können die Verhältnisse zementieren, wenn wie früher in Irland zu jeder Demo rituell eine Gegendemo aufgefahren wird. Sie können aber auch etwas in Bewegung bringen. Man denke nur an die Lichterkette, die 1992 erstmals auf einer Demonstration gegen Ausländerfeindlichkeit und Rechtsradikalismus in München gebildet wurde, sagt Michaels. »Die gehört mittlerweile auf fast jede Demo.«

Diagramme

Diagramm 1

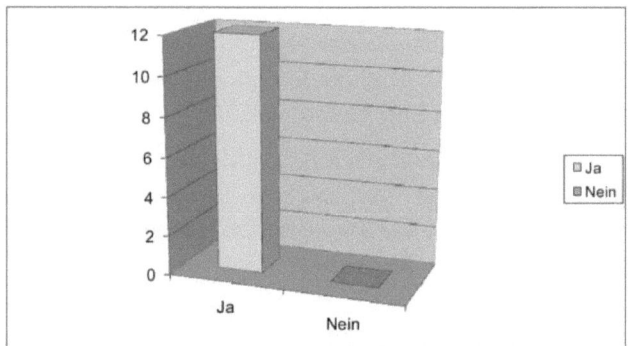

Bei diesem Diagramm wird dargestellt, ob Rituale im Elternhaus eingesetzt werden. Es wurden insgesamt 12 verschiedene Eltern befragt. Der gelbe Balken gibt hier an, wie viele Eltern Rituale verwenden, der blaue Balken wiederum, wie viele Eltern keine Rituale verwenden. Man erkennt also gut, dass alle befragten Eltern angaben, Rituale zu Hause zu nutzen.

Diagramm 2

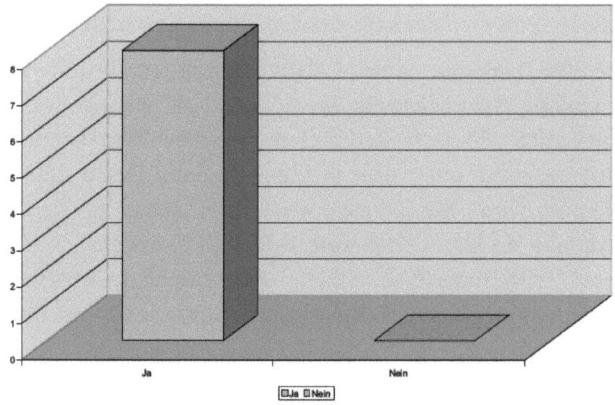

Bei dieser Darstellung wird angegeben, wie viele von acht befragten Erziehern angaben, Rituale zu verwenden (grüner Balken) und wie viele es verneinten (orangefarbener Balken). Man erkennt also dass alle angaben, Rituale in ihrer Einrichtung zu integrieren.

Diagramm 3

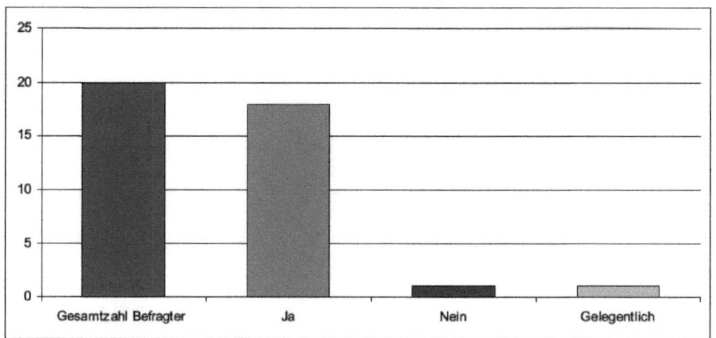

Bei Diagramm 3 wird verdeutlicht, wie viele von 20 befragten Personen angaben Unterschiede zu merken, wenn Rituale wegen Zeitnot oder anderen Gründen weggelassen werden müssen. Der Rote Balken verdeutlicht dabei die Gesamtzahl der Befragten, der Grüne Balken wie viele angaben das sie Unterschiede bemerkten, der blaue Balken wie viele es verneinten und der orangenfarbene wie viele meinten, sie würden nur gelegentlich etwas bemerken.

Diagramm 4

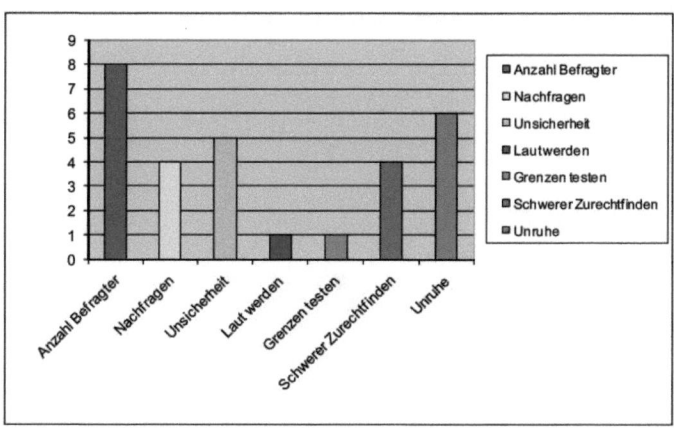

Diagramm 4 zeigt auf, wie viele Eltern, welche Unterschiede bemerken, wenn Rituale aus bestimmten Gründen weggelassen werden müssen. Hier erkennt man, dass die meist genannten Begebenheiten auf Unruhe, Unsicherheit, Nachfragen und das schwerere Zurechtfinden liegen. Minimal folgt dann das Laut werden sowie das Austesten der Grenzen.

Diagramm 5

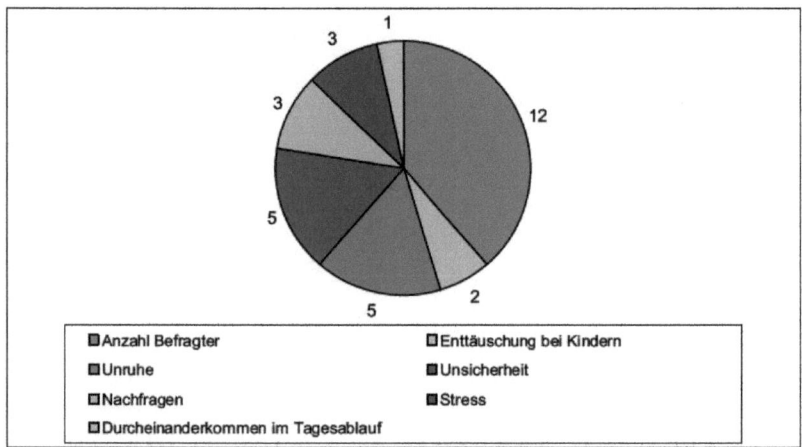

Bei diesem letzen Diagramm wurde erfasst, welche Veränderungen Erzieher im Verhalten der Kinder benannten, wenn Rituale weggelassen werden. An erster Stelle steht hier die Unsicherheit (dunkelblau) und Unruhe der Kinder (dunkelgrün), gefolgt vom Nachfragen (hellblau) und dem erhöhten Stress (lila). Minimaler wurden die Enttäuschung der Kinder (hellgrün) sowie das Durcheinanderkommen im weiteren Tagesablauf (rosa) benannt.

Eltern- / Erzieherbrief

Im Rahmen meiner Erzieherausbildung schreibe ich eine Ausarbeitung über das Thema „Rituale für Kinder – ein wertvolles pädagogisches Hilfsmittel". In meinem FSJ erlebte ich viele kleine und größere Rituale, welche sehr beeindruckend waren und mich für das Thema begeisterte. So setzte ich mich mit diesem Thema näher auseinander und erkannte, wie vielseitig und interessant es ist. Nun möchte ich untersuchen, wie hilfreich Rituale im pädagogischen Alltag sein können und ob es nützlich ist, sie einzusetzen.

Rituale haben im Leben, besonders bei den Kindern, eine wichtige Stellung und oftmals verzichten sie nur ungern auf lieb gewonnene Gewohnheiten. Dazu können verschiedene Rituale wie z.B. Einschlafgeschichten, Tischspruch aber auch besondere Feste wie Ostern, Weihnachten und Geburtstag gehören. Oftmals werden gerade solche Kleinigkeiten im Alltag kaum noch wahrgenommen und als Ritual angesehen, obwohl gerade diese eine große Wirkung haben. So helfen Rituale im gesamten Tagesablauf, überbrücken Wartezeiten und geben den Kindern Sicherheit sowie Geborgenheit.

Anleitung zum Ausfüllen des Fragebogens: Ich bitte Sie, Ihr Geschlecht und Tätigkeitsfeld im Teil der allgemeinen Angaben anzukreuzen. Im Fragebogen habe ich überwiegend offene Fragen gestellt. Ich bitte Sie, Ihre Antwort auf die darunter vorgesehenen Linien zu schreiben. Bei den geschlossen Fragen kreuzen Sie bitte Cja$, Cnein$, Cgelegentlich$ oder $weiß nicht# an. Wenn Sie Cnein$ angekreuzt haben muss die Begründung der CJa-Antwort$ nicht gegeben werden. Die offenen Fragen sind bitte in vollständigen Sätzen zu beantworten. Es können weitere Beiblätter angefügt werden, wenn der Platz unter den Fragen nicht ausreichen sollte. Das ist aber nicht zwingend notwendig.

Bedeutsamkeit des Fragebogens: Meine Ausarbeitung wird, durch Vorgabe der Fachschule Wildenfels für Sozialwesen, aus einem theoretischen und einem methodischen Teil bestehen. Für diesen Praxisteil ist der Fragebogen von besonderer Wichtigkeit. Nur damit wird es mir möglich sein, meine Ausarbeitung zu beenden und meine These zu belegen bzw. zu widerlegen. Deshalb bitte ich Sie, die Fragen genau zu lesen und diese gewissenhaft zu beantworten.

Datenschutz: Die Daten und Ergebnisse des Fragebogens werden anonym und streng vertraulich behandelt und dienen nur zur Erstellung meiner Ausarbeitung. Namen und persönliche Daten sind aus datenschutzrechtlichen Gründen nicht anzugeben. Ihre Angaben auf dem Fragebogen sind daher bitte allgemein zu formulieren.

Nicole Wuttke

Vorlage Fragebogen Kinder

Fragebogen für die Kinder

Thema: Rituale für Kinder - ein pädagogisch wertvolles Hilfsmittel?

Allgemeine Angaben

Geschlecht

männlich ☐　　　　　weiblich ☐

Art der Einrichtung

Schule ☐　　　Hort ☐　Kindergarten ☐　　　Integrationskindergarten ☐

Freizeiteinrichtung ☐　　　Krippe ☐　　　Tagesmutti ☐

Anderes ☐ _____

1. Teil

Nutzt Ihr Rituale in der Einrichtung?

ja ☐　　　nein ☐　　　gelegentlich ☐　　　weiß nicht ☐

Wenn "ja" bzw. "gelegentlich", welche Rituale fallen dir ein?

_____
_____
_____
_____

Gefallen dir die Rituale die Ihr nutzt?

ja ☐   nein ☐   gelegentlich ☐   weiß nicht ☐

Wenn "ja" bzw. "gelegentlich", warum gefallen sie dir?
_____
_____
_____
_____
_____
_____
_____

Wenn "nein", warum gefallen sie dir nicht?
_____
_____
_____
_____
_____
_____
_____

Auf welche Rituale würdest du verzichten, wenn die Möglichkeit bestehen würde?
_____
_____
_____
_____
_____
_____
_____

2. Teil

Nutzt du auch zu Hause bestimmte Rituale?

ja ☐　　　nein ☐　　　gelegentlich ☐　　　weiß nicht ☐

Wenn "ja" bzw. "gelegentlich", welche genau?

_____
_____
_____
_____
_____

Wenn "nein", würdest du gern welche nutzen?

ja ☐　　　nein ☐　　　gelegentlich ☐　　　weiß nicht ☐

Wenn "ja" bzw. "gelegentlich", welche wären das?

_____
_____
_____
_____
_____

Abgabe des Fragebogens in der Einrichtung _____

Rückgabe des Fragebogens

                                                 _____

Vorlage Fragebogen Erzieher

<u>Fragebogen für Erzieher</u>

<u>Thema: Rituale für Kinder - ein pädagogisch wertvolles Hilfsmittel?</u>

Allgemeine Angaben

<u>Geschlecht</u>

männlich ☐   weiblich ☐

<u>Tätigkeitsfeld</u>

Schule ☐   Hort ☐   Kindergarten ☐   Integrationskindergarten ☐

Freizeiteinrichtung ☐   Krippe ☐   Tagesmutti ☐

Anderes ☐ _____

1. Teil Geschlossene Fragen

Benutzen Sie im Alltag Rituale?

ja ☐   nein ☐   gelegentlich ☐

Sind Ihrer Meinung nach Rituale wichtige pädagogische Hilfsmittel?

ja ☐   nein ☐   gelegentlich ☐   weiß nicht ☐

2. Teil Offene Fragen

Welche Rituale nutzen Sie regelmäßig?

_____
_____
_____
_____
_____

Bemerken Sie Unterschiede, wenn gewohnte Rituale wegen Zeitnot oder anderen Gründen weggelassen werden müssen?

ja ☐　　　nein ☐　　　gelegentlich ☐　　　weiß nicht ☐

Wenn "Ja"bzw. "Gelegentlich", wie macht sich das bemerkbar?

_____
_____
_____
_____
_____

Wie sind bei Ihnen Rituale entstanden?

_____
_____
_____
_____
_____

Welche Rituale würden Sie gerne einführen, wenn sie die Möglichkeit dazu hätten?

_____
_____
_____
_____
_____

Warum gerade diese?
_____
_____
_____
_____
_____

Gibt es Rituale, die Sie gerne weglassen würden?

ja ☐   nein ☐   gelegentlich ☐   weiß nicht ☐

Wenn "Ja" bzw. "Gelegentlich", welche genau?
_____
_____
_____
_____
_____

Wenn "Ja" bzw. "Gelegentlich", warum gerade diese?
_____
_____
_____
_____
_____
_____
_____
_____

Abgabe des Fragebogens in der Einrichtung _____

Rückgabe des Fragebogens

                                         _____

Vorlage Fragebogen Eltern

Fragebogen für Eltern

Thema: Rituale für Kinder - ein pädagogisch wertvolles Hilfsmittel?

Allgemeine Angaben

Geschlecht des Kindes

männlich ☐   weiblich ☐

Alter des Kindes/ der Kinder

_____ Jahre

Nutzen Sie Rituale in Ihrem Tagesablauf?

ja ☐   nein ☐   gelegentlich ☐   weiß nicht ☐

Wenn "ja" bzw. "gelegentlich", welche Rituale nutzen Sie?

_____
_____
_____
_____
_____
_____
_____
_____
_____
_____
_____

Empfinden Sie Rituale als hilfreich in Ihrem Tagesablauf?

ja ☐   nein ☐   gelegentlich ☐   weiß nicht ☐

Wenn "ja" bzw. "gelegentlich", warum empfinden Sie diese als hilfreich?
_____
_____
_____
_____
_____
_____
_____

Merken Sie unterschiede, wenn gewohnte Rituale wegen Zeitnot oder ähnlichen Gründen weggelassen werden müssen?

ja ☐   nein ☐   gelegentlich ☐   weiß nicht ☐

Wenn „ja" bzw. „gelegentlich", welche Unterschiede bemerken Sie?
_____
_____
_____
_____
_____
_____
_____

Abgabe des Fragebogens   _____

Rückgabe des Fragebogens
                              _____

Rituale und Regeln

Von Matthias Quinzer, 2009

Einleitung

In meinem letzten Schulpraktikum wurde mir besonders deutlich, wie hilfreich Rituale und Regeln sein können. Die Mädchen und Jungen dieser 2. Klassenstufe waren äußerst lebhaft und auch etwas ungezügelt. Es fiel ihnen sehr schwer, dem Unterricht zu folgen, wenn dieser keine Strukturen hat. In dieser Klasse wurde deshalb die „Ampel-Methode" praktiziert. Diese funktioniert so, dass die mit Gelb verwarnten Schülerinnen und Schüler kaum noch den Unterricht störten, da die nächste Störung eine rote Kate nach sich zog. Wer die rote Karte bekommen hatte, durfte für den Rest der Stunde nicht mehr am Unterricht teilnehmen, musste solange in eine andere Klasse und die Eltern wurden über das Verhalten ihres Kindes informiert. Da dies bisher noch nicht vorgekommen war, kann man vermuten, dass die rote Karte so eine abschreckende Wirkung auf die Kinder hat, dass eine gelbe Karte genügt, damit sich das verwarnte Kind die restliche Stunde über angemessen verhält. Das ist jedoch nicht das einzige Ritual, dass in der Klasse praktiziert wurde. Es wurden bereits mehrere Ruhezeichen ausprobiert, aber man konnte sich bisher nicht auf ein einheitliches Zeichen einigen, da die einzelnen Zeichen nicht immer funktionieren. Deshalb sollte man darüber nachdenken, ein komplett neues Ruhezeichen einzuführen, auf das alle Schüler reagieren, egal welche Situation in der Klasse gerade herrscht. Die Schüler sollten genaustens über das neue Ruhezeichen informiert werden und die bisherigen genutzten Hilfsmittel (Klangstab, Glocke, etc.) aus dem Klassenzimmer entfernt werden. Eine weitere Möglichkeit wäre, ein bereits benutztes Zeichen neu einzuführen und die Nichteinhaltung des Zeichens mit einer Konsequenz zu verbinden.

Diese Erfahrungen und das Seminar „Klassenlehrer/in in der Hauptschule", in dem in einigen Sitzungen Rituale und Regeln besprochen wurden, weckten mein Interesse für dieses Themengebiet. Da ich noch nicht sehr viel Erfahrung mit dem Themengebiet der Rituale und Regeln aufweisen kann, werde ich mich mit folgenden Fragen beschäftigen, um das Thema zu erschließen: Was sind Rituale und Regeln? Welchen Zweck haben sie? Welchen Nutzen und welche Schwierigkeiten bringen Rituale und Regeln mit sich? Welche Arten von Ritualen werden im Alltag und in der Schule am häufigsten praktiziert?

Meine Hausarbeit beinhaltet die Kapitel Rituale im Alltag, Rituale in der Schule und Regeln in der Schule. In den beiden Kapiteln über Rituale gebe ich einen Überblick über die häufigsten Rituale. Dazu führe ich Beispiele an, welche Rolle diese Rituale für die Kinder einnehmen und wie sie das Leben im Alltag und in der Schule erleichtern. Im Kapitel zu den Regeln mache ich anhand eines

Beispiels deutlich, weshalb Regeln wichtig sind, warum manche Eltern Probleme damit haben und wie man Regeln formuliert und umsetzt. Zu dieser Problematik habe ich ein Interview mit einer ehemaligen Studienkollegin geführt, die momentan ihr Referendariat an einer Grund- und Hauptschule absolviert. Sie konnte mir interessante Informationen und Einblicke in die Umsetzung von Regeln und Ritualen im Schulalltag geben.

Aus Gründen der Lesbarkeit wird bei der Personenkategorisierung (z. B. Schüler) in der Regel die maskuline Sprachform verwendet. Damit sind beide Geschlechter gemeint. Sollte dennoch die weibliche Sprachform verwendet werden, ist dies auf ausdrückliche Hervorhebung des weiblichen Geschlechts oder auf die wörtlich übernommenen Zitate zurückzuführen.

Rituale

Der Begriff Ritual

Rituale, oder auch Riten, sind Handlungen, die immer den gleichen Ablauf haben. Sie haben einen starken symbolischen Charakter, der von allen Beteiligten verstanden werden muss.

Rituale bieten uns einen strukturierten Handlungsablauf im Alltag und helfen uns zwischenmenschliche Interaktionen durchzuführen. Sie sind deshalb für unser Zusammenleben unersetzlich. Weitere Vorteile von Ritualen sind, dass sie Gemeinschaften stärken und den Personen Sicherheit geben und Ängste vermindern. Menschen sind von Natur aus neugierig, aber auch vorsichtig, misstrauisch und dadurch unsicher. Damit das Misstrauen und die Unsicherheit in Vertrauen und Sicherheit umschlägt, muss man den Menschen etwas anbieten. Rituale, und auch Regeln, bieten Strukturen, Abläufe, damit der Mensch in der Gesellschaft Halt findet und an Sicherheit und Vertrauen gewinnt. Die Voraussetzung ist, dass die Rituale und Regeln von allen, oder auch einer Mehrheit, anerkannt und praktiziert werden.

Rituale geben durch ihre Strukturierung Grenzen vor und können dadurch die beteiligten Personen unter Druck setzen und manipulieren. Sie sind deshalb auch ein Eingriff in die Persönlichkeit der beteiligten Personen, weshalb Rituale von allen besprochen und akzeptiert werden müssen, wenn man sie einführt. Natürlich ist es schwer eine hundertprozentige Akzeptanz zu erreichen, daher sollten Rituale genau erklärt werde, damit die beteiligten Personen erkennen, welchen positiven Nutzen das gewählte Ritual für sie und die Gemeinschaft haben kann.

Der Begriff Ritual wird von vielen Menschen nicht mit Schule und Kindern in Verbindung gebracht, da sie damit eher religiöse und zeremonielle Bräuche verbinden. Selbst das Duden-Fremdwörterbuch stellt keinerlei Verbindung zwischen Schule und Ritualen her. Doch haben Rituale in der Schule und zu Hause einen hohen Stellenwert. Überall in unserem Alltag sind Rituale verborgen, denn ohne sie würde das Zusammenleben der Menschen nicht funktionieren. Die Begrüßung aus Worten und Handeln ist bereits ein Ritual und so aus dem alltäglichen Leben nicht mehr wegzudenken.

Rituale sind wichtig um Kindern, Eltern und Lehrern ihren Alltag zu erleichtern, in dem man ihn, mit Hilfe von Ritualen, rhythmisiert und strukturiert. Rituale sollten mit den Kindern besprochen werden, um sie erfolgreich einführen zu können. Eine freiwillige Teilnahme der Schüler ist kaum zu realisieren, doch müssen diese Rituale dann mit einer Konsequenz eingeführt und erst einmal erprobt werden, bevor davon gesprochen werden kann dieses Ritual beizubehalten. (vgl. Petersen 2001, S.28)

Rituale stabilisieren eine Gruppe und helfen dabei eine kulturelle Identität zu entwickeln. Durch diese Rahmenbedingungen werden Rücksichtslosigkeiten wirksam bekämpft, ohne dass die Lehrperson ihre Autorität ausspielen muss. Schüler, die stark verunsichert sind, erhalten durch diese Rahmenbedingungen Sicherheit im Umgang mit ihren Klassenkameraden.

Rituale im Alltag

Begrüßungsrituale im Alltag

Begrüßungen spielen in unserer Welt eine wichtige Rolle und sollten daher so besonders sein, wie die Person die wir begrüßen. Die Begrüßung sollte dem Anlass angemessen sein und Freude ausdrücken, dass jemand da ist. (vgl. Diekemper/Reihmann-Höhn 2000, S.54)

Es gibt viele Elternteile, die sehr lange arbeiten und daher sehr wenig Zeit mit ihrer Familie verbringen können. Die Begrüßung bei der Wiederkehr hat eine große Bedeutung für Kinder, da sie sehr lange von einem Elternteil getrennt sind. Ist ein Elternteil nur am Wochenende bei der Familie, nimmt die Bedeutung der Begrüßung und auch der Verabschiedung zu. Kinder, die noch nicht abschätzen können, wie lange der Zeitraum ist, in der das Elternteil nicht für sie da ist, benötigen während dieser Zeit Rituale, die ihnen deutlich machen, wann die Person geht und wann sie wieder kommt. So helfen Rituale, den Kindern die Trennung zeitlich einzuordnen.

Ein Beispiel von Diekemper und Reihmann-Höhn: „Pia war erst drei Jahre alt, als ihr Vater beruflich in das mehrere Hundert Kilometer entfernte Nachbarwerk versetzt wurde. Ihr Zählen der verbleibenden Tage, bis er heimkam, wurde durch funkelnde Glasmurmeln erleichtert, die der Vater gemeinsam mit ihr Sonntagabend in ein Schälchen legte. Nach dem Aufwachen legte sie eine Murmel in ein Kästchen und zählte auf diese Weise die Tage, bis der Vater wieder da war." (ebenda 2000, S.55)

Ein Ritual zur Begrüßung hilft den Kindern und dem heimkehrenden Elternteil, da es oft genug vorkommt, dass Kinder das ankommende Elternteil überfordern und dies dann für beide unglücklich enden kann, obwohl sich die Kinder so sehr auf die Wiederkehr gefreut haben. Eine Überforderung kommt zustande, wenn das Kind das ankommende Elternteil zu sehr bedrängt und damit die Beziehung zwischen Elternteil und Kind belastet.

Abschiedsrituale im Alltag

Der Alltag von Kindern und Eltern verändert sich von Zeit zu Zeit und es heißt oft Abschied nehmen zu müssen von Dingen, Personen und Lebensabschnitten. Die Verabschiedung von den Eltern, wenn die Kinder in den Kindergarten oder in die Schule kommen, stellt oft eine große Herausforderung für Eltern und Kinder dar. Kinder fangen beispielsweise an zu weinen oder widersetzen sich den Kindergarten zu betreten, wenn Mutter oder Vater nicht mitkommen. Die zeitliche und räumliche Trennung der Eltern von den Kindern kann zu einer großen Belastung führen. Um Szenen, wie die eben genannte, vermeiden zu können, sind Vorbereitungen auf den Kindergarten und auf die Schule sehr nützlich. Hierbei sind Rituale eine große Hilfe. Ein Gegenstand, den das Kind erhält, bevor es den Kindergarten betritt, hilft die Angst und Einsamkeit zu ertragen. Das Kind selbst sollte entscheiden, welchen Gegenstand es mitnehmen möchte und wie es sich von den Eltern verabschieden möchte, da es ihnen zusätzliche Sicherheit gibt. In jedem Falle ist es unerlässlich, die Erzieher über die Rituale zu Hause informieren, damit sie diese auch im Kindergarten fortsetzen können. Genauso sollten sie über den Ritualgegenstand, der den Abschied erleichtert und die Kinder nötigenfalls beruhigt, bescheid wissen.

"Einige Eltern haben sehr gute Erfahrung mit den bunten, südamerikanischen Sorgenpüppchen gemacht, die klein und handlich sind und in jede Tasche passen. Diesen Püppchen können die Kinder all ihre Sorgen und Ängste anvertrauen, sie erinnern sie an zu Hause und vermitteln dadurch die Sicherheit, dass die Eltern wiederkommen. Schon zu Hause sollte das Kind geübt haben, in welcher Tasche sich das Püppchen befindet und wie es mit ihm redet, damit es in der akuten Situation auch wirklich eine nützliche Hilfe darstellt." (Diekemper/Reihmann-Höhn 2000, S.17)

Eine sehr gute Hilfe kann ebenfalls sein, dass das Kind einen Zettel dabei hat, auf dem die Telefonnummer der Mutter oder des Vaters geschrieben steht. Die Erreichbarkeit der Eltern vermittelt dem Kind zusätzliche Sicherheit und „[…] schafft […] eine gedankliche Bindung an sie"(ebenda, S.17).

Haben Kinder Schwierigkeiten zu lernen, dass die Eltern wiederkommen und es abholen, können die Erziehungsberechtigten dem Kind einen persönlichen Gegenstand anvertrauen, auf den es während ihrer Abwesenheit aufpassen soll. Bei der Wiederkehr gibt das Kind den Gegenstand zurück. Den Tag über hatte das Kind so das Gefühl von Sicherheit, dass die Eltern wiederkommen und es abholen, weil sie den, für sie wichtigen, Gegenstand wieder haben wollen. Hat das Kind ausreichend Erfahrung und gelernt, dass die Eltern nach einem Abschied wiederkommen, können Kinder auch längere Zeit ohne die Eltern überstehen. (vgl. ebenda, S.12-15)

Der Abschied von zu Hause überwinden die Kinder oft mit Ritualen, die sie sich auch oft selbst ausdenken, wenn sie älter sind.

Ein Beispiel von Diekemper und Reihmann-Höhn: „Siegfried (4) war ein echter Turtles-Fan. Die kleinen, grünen Schildkrötenfiguren waren sein ganzer Stolz, und er hatte bereits eine stattliche Sammlung davon. Jeden Morgen, bevor er mit seinem Vater in den Kindergarten fuhr, verabschiedete sich der Junge von den Figuren. Sie wurden in einer bestimmten Reihenfolge auf dem Rückenteil seines Bettes aufgebaut. Dieser Aufbau folgte einer bestimmten Regel, die aber nur für Siegfried einsichtig war. Niemand sollte in seiner Abwesenheit die Figuren verändern. Hatte er morgens mal keine Zeit, sich um die Turtles zu kümmern, quengelte er und war auch im Kindergarten nicht zufrieden. Kam er mittags nach Hause, überprüfte er zuerst, ob die Figuren noch am richtigen Platz saßen, und erst dann erzählte er von seinem Tag." (ebenda 2000, S.16)

Einschlafrituale

Das Einschlafen verläuft für jedes Kind unterschiedlich und jedes Kind benötigt ein bestimmtes Einschlafritual, um zur Ruhe zu kommen. Doch ist das nicht alles, worauf man achten sollte, wenn man Kinder zu Bett bringt. Eltern sollten zunächst herausfinden, wie lange ihre Kinder schlafen, um festzusetzen, wann der richtige Zeitpunkt zum Einschlafen ist. So kann man die Rituale den Schlafgewohnheiten und -bedürfnissen der Kinder anpassen. Bei der Festlegung des Rituals mit dem Kind müssen klare Grenzen gesetzt werden, ansonsten werden aus einem Gutenachtlied zwei oder drei.

Die Gutenachtgeschichte ist wohl das bekannteste und am meisten genutzte Ritual zum Einschlafen. Auch Gutenachtlieder zählen zu den beliebteren Einschlafritualen, da sich die Eltern extra Zeit dafür nehmen. Viele Kinder möchten vor dem Einschlafen einfach nur noch mal den vergangenen Tag besprechen, wenn etwas Besonderes passiert ist oder einfach, was sie den Tag über erlebt hatten.

Ein Beispiel von Diekemper und Reihmann-Höhn: „Bevor Ulrich (4) einschlief, wollte er immer mit seinen Eltern gemeinsam noch ein Lied singen. Es war ihm dabei ganz wichtig, dass er bestimmte, welches Lied es sein sollte. Fast immer wählte er ein Lied, das er am selben Tag im Kindergarten gesungen hatte. So übertrug er seine Erfahrungen und Erlebnisse vom Kindergarten aufs Zuhause und lieferte damit seinen Eltern und sich selbst einen Anknüpfungspunkt, von seinen Erlebnissen und Erfahrungen des Tages zu „erzählen".“(ebenda 2000, S.25-26)

Musik ist ebenfalls als Einschlafritual geeignet, allerdings sollte man darauf achten, dass es sich um Musik handelt, die entspannend wirkt, da es sonst nicht die gewünschte Wirkung erzielt. Hörbücher oder -spiele sind dafür ebenso geeignet.

Rituale um die Schule

Die Einschulung stellt eine große Veränderung im Leben eines Kindes dar. Und sollte daher sehr sorgfältig geplant und mit dem Kind vorbereitet werden.

> *Ein Beispiel von Diekemper und Reihmann-Höhn: „Lorenz (6) konnte es gar nicht abwarten, endlich ein Schulkind zu sein. Schon Monate vor seinem ersten Schultag begann er, sein Kinderzimmer aufräumen und die Spielsachen auszusortieren, die seiner Ansicht nach nicht zu einem Schulkind passten. Er verschenkte nach und nach seine Bilderbücher und eine ganze Menge von Spielen, für die er sich zu alt fühlte. Als Abschluss seines Schulrituals verschenkte er an seinem letzten Tag im Kindergarten seine Kindergartentasche." (Diekemper/ Reihmann-Höhn 2000, S.78)*

Dieser Junge hat sich sein Ritual selbst ausgedacht, um sich an seinen neuen Lebensabschnitt zu gewöhnen, der einiges mehr von ihm erwartet als es im Kindergarten der Fall ist.

Viele Kinder, die Geschwister haben, die bereits in die Schule gehen, hören gerne zu, was diese erzählen und versuchen dann anhand dieser Informationen Schule nachzuspielen (siehe Anlage 1.). Diese spielerische Art mit Schule umzugehen kommt natürlich nur teilweise an die Realität heran, aber es vermittelt den Kindern bereits einen ungefähren Eindruck, wie es wohl sein könnte, wenn man zur Schule geht. Dadurch nimmt man den Kindern auch etwas von ihrer Angst und ihren Vorbehalten gegenüber der Schule.

„Natürlich ist der erste Schultag für die meisten kleinen Neulinge aufregend. Je behutsamer sie jedoch darauf vorbereitet werden, desto mehr können sie ihre Einschulung genießen." (ebenda, S.80)

Im Kindergarten werden die Kinder bereits auf die Schule vorbereitet, doch sollten die Eltern das Kind selbst auch auf die Schule vorbereiten. Dabei sollten sie darauf achten, wie das Kind reagiert, wenn das Thema Schule angesprochen wird. Man sollte dem Kind auf keinen Fall Angst machen, sondern es ermutigen und ihm Unterstützung und Rückhalt versichern.

Rituale in der Schule

Rituale in der Schule sollte vom Klassenkollegium besprochen werden, wie zu Hause die Eltern gemeinsam Rituale besprechen, denn Rituale entfalten ihre Wirkung nur, wenn sie regelmäßig und häufig praktiziert werden. Daher sollten sie von allen Lehrpersonen eingesetzt werden, um die Wirkung aufrechtzuerhalten.

Begrüßungsrituale in der Schule

Das übliche „Hallo" und das Händeschütteln werden als Ritual bezeichnet, doch gibt es weitaus mehr Begrüßungsrituale. Diese „anderen" Rituale werden wichtig, um nach einem Wochenende oder nach den Ferien mit den Kindern einen „rituellen Anfangspunkt" (Diekemper/Reihmann-Höhn 2000, S.58) zu setzen und damit den gemeinsamen Tag die neue Unterrichtswoche zu beginnen. Dabei ist der Stuhlkreis eine sehr beliebte Methode. Die Kinder singen ein Lied oder sie erzählen sich gegenseitig was sie in den Ferien oder am Wochenende gemacht und erlebt haben. „Diese Rituale machen jedem deutlich, dass eine bestimmte Phase des Tages begonnen hat." (ebenda, S.59) Gesungen wird meist in den jüngeren Jahrgängen, während in den höheren das gegenseitige Erzählen beliebter ist. Zum Teil wird bei den älteren Jahrgängen sogar ganz auf konventionelle Begrüßungsrituale verzichtet und durch individuelle Rituale ersetzt. Ein Begrüßungsritual, vor allem zum Wochenbeginn, ist aus mehreren Gründen sinnvoll: Jeder Schüler hat ein unterschiedliches Wochenende hinter sich und ist daher in einer davon abhängigen Stimmung. Der eine möchte seinen Klassenkameraden davon erzählen, ein anderer braucht eine Weile, um in der Schule anzukommen und sich auf den Unterricht konzentrieren zu können. Werden zum Anfang der Woche keine Rituale durchgeführt, sind die ersten Stunden der Woche sehr störungsanfällig und Versuche, den Unterricht aufzunehmen, stellen sich für die Lehrperson als sehr schwer dar. „Ein ritualisierter Wochenbeginn wirkt wie eine vertrauensbildende Maßnahme und bietet die Chance, als Individuum wieder Teil der Gruppe zu werden." (Petersen 2001, S.52) Ein gemeinsam ausgewähltes Ritual hilft den Schülern, sich auf die Woche oder den Tag einzustellen, es „[…] holt sie dort ab, wo sie sich befinden […]". (ebenda, S.52)

Integrationsrituale in der Schule

Viele Kinder haben anfangs (Schulwechsel, etc.) Probleme, sich in der Klasse zu integrieren, sich auf ihre Lehrerinnen und Lehrer einzustellen und sich auf das Lernen zu konzentrieren. Andere Kinder benötigen oft nur einen kleinen „Schubs", um mit anderen Kindern in Kontakt zu treten.

Ein Beispiel von Diekemper und Reihmann-Höhn: „Michael (6) war schon einige Monate in der ersten Klasse, aber noch immer stand er in vielen Pausen alleine auf dem Schulhof und schaffte es nicht, sich dem Spiel der Kinder anzuschließen. Er hatte bisher keinen Freund gefunden und fühlte sich deswegen in der Schule nicht richtig wohl. Nach einem Gespräch mit der Lehrerin hatte seine Mutter herausgefunden, dass einige der Jungen aus der Klasse bestimmte Sammelbilder kauften und untereinander tauschten. Sie schenkte ihrem Sohn ein solches Sammelheft und kaufte ihm am Abschluss jeder Woche ein oder zwei Päckchen mit Bildern. Schon bald hatte Michael einige doppelte Sammelbilder und traute sich, andere Jungen aus seiner Klasse auf einen Tausch anzusprechen. Die kleinen Geschenke seiner Mutter halfen ihm, ein gemeinsames Hobby mit den anderen Kindern zu finden. Sie vermittelten ihm aber auch den Stolz und die Anerkennung seiner Mutter für jede Woche in der neuen Schule, die er hinter sich brachte." (Diekemper/ Reihmann-Höhn 2000, S.86)

Rituale im Unterricht

Rituale dienen dazu, den Unterricht zu strukturieren und die Klassenatmosphäre positiv zu beeinflussen. „Die wesentlichen Grundlagen für Selbstvertrauen, Selbstständigkeit und Kooperation können gelegt und durch Ritualisierung ständig gepflegt werden." (Petersen 2001, S.7) So kann die Lehrperson seine Konzentration mehr und mehr auf das Unterrichten legen, ohne sich ständig um Unterbrechungen kümmern zu müssen. Durch Rituale bildet sich ein starkes Gruppengefühl (Wir-Gefühl) aus und der Einzelne rückt so in den Hintergrund. Hat jeder Teilnehmer seinen Platz in der Gruppe gefunden und wird von allen Mitgliedern respektiert, so fühlen sich alle Mitglieder der Gruppe wohler. Die Gefahr, die diese Rituale mit sich bringen, ist, dass Einzelinteressen nicht über die der Gruppeninteressen gestellt werden, da sonst die Anforderungen, die an die Gruppe gestellt werden, von dieser nicht erfüllt werden können. So sind Rituale nicht vorbehaltlos zu empfehlen. Man sollte so immer Nutzen und Gefahren abwägen.

Doch sind Rituale nicht nur für den reibungslosen Ablauf des Unterrichts wichtig, sondern für den Anfang und das Ende jeder Stunde. Diese Situationen bilden starkes Konfliktpotenzial, welches man mit Ritualen umgehen kann. Die Schüler können innerhalb eines Rituals auch auf das Stundenthema vorbereitet werden, in dem man ihnen deutlich macht, warum dieses Thema gewählt wurde und welche Methoden in der Stunde dafür angedacht sind. Diese Art der Vorstellung des Unterrichtsthemas „[…] stiftet Engagement für die Sache und verstärkt mit der begründeten Methodenwahl auch die Fähigkeit zu selbstständigem Lernen und zur Teamarbeit." (ebenda, S.42) Eine schriftliche Fixierung der Methoden und des Themas sorgt dafür, dass die Schüler sehen, wie die Unterrichtsstunde zeitlich eingeteilt ist. So werden Fragen zum Thema und Verlauf der Stunde schon im Vorfeld beantwortet. Die Veröffentlichung des Stundenverlaufs entlastet die Lehrperson ein Stück weit, weil diese Zeit eingespart wird und frontale Phasen reduziert werden, die ansonsten notwendig gewesen wären. Auch das Feedback fällt dadurch etwas leichter, da die schriftliche Fixierung Anhaltspunkte bietet und der Verlauf der Stunde besser im Gedächtnis haften bleibt. Die Stunde mit einem Feedback zu beenden ist eine Möglichkeit sich abschließend über das Thema zu äußern, eine Selbstbeurteilung abzugeben oder sich gegenseitig zu beurteilen und es hilft den Schülern ihre Reflexionsfähigkeit zu trainieren und sich gegenseitig zu ermutigen.

Die Veröffentlichung des Stundenverlaufs birgt auch eine gewisse Gefahr, da sich der ein oder andere Schüler nur auf einen bestimmten Zeitpunkt des Unterrichts konzentriert. So sollte man klären, wann exakte Zeitangaben wichtig und richtig sind. „Gegen dieses Ritual wird bisweilen eingewendet, es zerstöre Neugierde und Lernbereitschaft, weil mögliche Impulse von Überraschung und Geheimnis verpufften." (ebenda, S.45) Das ist allerdings keineswegs der Fall, da lediglich die Titel der einzelnen Phasen bekannt sind. Petersen lenkt ein, dass es in manchen Fällen Sinn macht, den Stundenverlauf erst nach dem Stundenstart bekannt zu geben. So liegt es im eigenen Ermessen wie man dieses und andere Rituale umsetzt.

Regeln

Rituale und Regeln sind unterschiedliche Begriffe, wobei ein Ritual oft Regeln beinhalten, die eingehalten werden müssen, damit ein Ritual funktionieren kann. Anders herum sind Rituale wichtig, um Regeln einzuführen und zu praktizieren. Wird eine Regel verletzt, folgt darauf eine Konsequenz, was wiederum einem Ritual gleicht. Die Verknüpfung der beiden Begriffe ist daher unbestreitbar.

Olivers Mutter weinte am Telefon, als sie um einen Termin bat. Sie war mit ihrem Zweijährigen gerade aus der Spielgruppe „geflogen". Die Leiterin war der Meinung gewesen, Oliver sei zu aggressiv und für die Gruppe nicht tragbar. „Ich habe manchmal Angst vor ihm", sagte sie. „Er ist richtig böse. Er beißt und tritt mich. Einmal hat er den Kassettenrecorder nach mir geworfen. Sobald ihm was nicht passt, brüllt er wie am Spieß. Ich halte es nicht mehr aus." (Kast-Zahn 1998, S.19)

Dieses Verhalten ihres Kindes erleben viele Eltern und sind genauso ratlos wie diese Mutter. Die Fragen zu dieser Geschichte lauten:

Wie konnte es zu diesem Problem kommen?
Was würde ich als Mutter oder Vater als nächstes tun?
(ebenda, S.19)

Das Problem ist, dass die Kinder nicht schwieriger geworden sind, sondern dass die Eltern selbstkritischer und dadurch unsicherer sind als früher. Die Eltern wissen zwar, dass Grenzen notwendig sind, aber wie diese aussehen und wie sie Grenzen effektiv einsetzen können, ist ihnen oft nicht klar. Dabei können schon Babys Regeln lernen. Es geht im Wesentlichen darum, dass die Eltern bestimmen, wann das Kind etwas zu essen bekommt und die Mutter nicht das Baby stillt, wenn dieses schreit. Babys lernen früh, dass sie viel Aufmerksamkeit bekommen, wenn sie weinen. Lenken Eltern hier ein und rennen nicht bei jedem kleinen Weinen, so lernt das Kind ebenso schnell, dass Mutter und Vater sich auch kümmern, wenn sich das Kind ausgeglichen verhält und nicht weint. (vgl. ebenda, S.27)

Im Kleinkindalter ist es nicht sehr viel anders. Das Kind muss erfahren, dass negatives Verhalten nicht belohnt wird. Wenn ein Kind seinem Spielkameraden dessen Spielzeug aus der Hand reißt, sollte die logische Konsequenz sein, dass er es nicht behalten darf. Das sind einfache und effektive Regeln, die jedes Kind lernen kann. Bereits im Kindergarten muss das Kind Regeln befolgen lernen können, die von der Erziehungsperson vorgegeben werden. Lernt es diese nicht, denkt das Kind: „Die Kindergartenregeln gelten nur für die anderen Dummköpfe – aber nicht für mich." (ebenda, S.33) Dieses Denken transferiert das Kind auch auf das Elternhaus, wenn dort ebenfalls nicht auf die Einhaltung von Regeln geachtet wird.

Einige Eltern übernehmen die Regeln, die sie bereits selbst erfahren haben oder lehnen sie kategorisch ab, weil sie nicht so streng sein wollen wie die eigenen Eltern. Wenn man nicht genau weiß, wie Regeln formuliert werden sollten oder diese durchgesetzt werden können, ist es sehr oft der Fall, dass man Freunde darauf anspricht und über das Thema spricht. Andere Eltern geben gerne Auskunft über ihre eigenen Methoden Regeln einzuführen und durchzusetzen, ebenso welche Regeln bei den Kindern am effektivsten sind und von den Kindern akzeptiert werden.

In jedem Fall sollte man darauf achten, dass man sein Kind lobt und ihm sagt was man mag, wenn man ihm Grenzen setzen will. Man gibt seinem Kind damit zu verstehen, dass man seinen Fähigkeiten vertraut. Kommt es immer noch zu Verhaltensarten, die man sich von seinem Kind nicht wünscht, sollte man eine klare Anweisung geben, die deutlich macht, was man von seinem Kind erwartet. Dabei sollte man sich nicht auf Diskussionen einlassen, sondern immer wieder sagen was man möchte. Kast-Zahn nennt diese Technik „kaputte-Schallplatte". Funktioniert dies nicht, sollte man „Taten" folgen lassen. Die „Taten" sollten vorher gut überlegt und geplant sein, damit dem Kind kein Schaden entsteht, weder physisch noch psychisch. Die Taten sollen ein deutliches „STOP!" für das Verhalten des Kindes sein, sie sollen Grenzen darstellen und keine Strafen, sonst wird es höchstwahrscheinlich vom Kind falsch verstanden. Die Eltern sollen hier dem Kind ihre Zuneigung bezeugen und ihm deutlich machen, dass das Verhalten nicht geduldet wird, die Eltern das Kind aber unterstützen sein Verhalten zu ändern. Wenn die Eltern Schwierigkeiten haben konsequent durchzugreifen, schlägt Kast-Zahn als letzte Möglichkeit einen Plan zur Selbstkontrolle vor.

Sie hat dabei folgende Fragen anhand eines Beispiels beantwortet:

1. Welches Verhalten muss sich ändern?
2. Wie oft kommt das unerwünschte Verhalten vor?
3. Welche Konsequenz wählen sie?
4. Welche Anreize oder Belohnungen wählen sie?
5. Wie wirkt es?
6. Was können sie noch tun, damit ihr Plan zum Erfolg führt?
(Kast-Zahn 1998, S.137-139)

Die erste Frage klärt, welches Verhalten die Eltern an ihrem Kind stört. Beispielsweise wirft das Kind beim Essen jedes Mal den Löffel auf den Boden. Ziel ist es, dass das Kind lernt ordentlich mit dem Löffel zu essen. Die zweite Frage fordert dazu auf, genau zu dokumentieren, wie oft das Kind sein Verhalten an den Tag legt. Beim gewählten Beispiel wäre dies offensichtlich sehr oft der Fall. Die dritte Frage fordert von den Eltern, dass sie sich eine Konsequenz für das Verhalten ihres Kindes überlegen. Man könnte sich überlegen, wenn das Kind den Löffel wieder einmal fallen lässt, die „kaputte-Schallplatte-Methode" zu verwenden und dem Kind immerzu sagen, dass man das Verhalten nicht toleriert. Sollte sich das Verhalten nicht ändern, ist es notwendig eine weitere Maßnahme in der Hand zu haben. Dem Kind das Essen wegzunehmen könnte vielleicht die gewünschte Wirkung erzielen, sollte aber nicht zu oft passieren, da es sonst zu weiteren Problemen (Wachstumsstörungen, etc.) führen kann, wenn das Kind keine Mahlzeit mehr zu sich nimmt. Deshalb sollte man sich andere Möglichkeiten überlegen, die man auf das Fehlverhalten des Kindes folgen lassen kann, beispielsweise muss das Kind alleine essen. Doch sollte man dem Kind die Tür nicht vollständig schließen. Man sollte dem Kind klar machen, dass es wieder mit dem Rest der Familie essen darf, wenn es sein Verhalten ändert. Dies sollte unter anderem auch der Anreiz sein, dass das Kind sein Verhalten ändert. Dabei sollten die Eltern ihrem Kind auf jeden Fall helfen sein Verhalten zu ändern und dem Kind eine Belohnung bieten, wenn das Kind lernt ordentlich mit dem Löffel zu essen. Frage fünf soll klären, wie das Kind auf die Konsequenzen der Eltern reagiert und wie oft das Verhalten noch auftritt. Beispielsweise muss das Kind erst vier Tage alleine essen, bis sich das Verhalten bessert und das Kind wieder mit dem Rest der Familie essen darf. Die letzte Frage verdeutlicht, wie wichtig es ist, dass Eltern konsequent bleiben, wie schwierig es auch sein mag Gewohnheiten aufzugeben. Kast-Zahn fordert dazu auf, dass die Eltern sich mit jemandem über ihren Plan unterhalten sollten, um weitere Meinungen anzuhören, und dass sich die Eltern, nach dem erfolgreich durchgeführten Plan, selbst belohnen sollten. Allerdings sollte die größte Belohnung sein, dass sich Eltern und Kind danach besser verstehen.

Ab einem gewissen Alter ist es möglich, mit dem Kind einen Vertrag zu schließen, der eine Verhaltensänderung beschreibt und für eine positive Umsetzung eine Belohnung vorsieht. (vgl. Kast-Zahn 1998, S.85 ff) Verträge dieser Art werden oft in der Schule getroffen und bilden nicht selten eine Grundlage für den Umgang und das Verhalten der Schüler miteinander und den Lehrpersonen. Das folgende Beispiel zeigt, wie ein solcher Vertrag aussehen könnte:

Regeln für den Unterricht in der Klasse XY
Für: ... (Schülername)
In Zukunft wollen wir gemeinsam dafür Sorge tragen, dass jede Schülerin und jeder Schüler sich ungestört mit den Inhalten und Aufgaben des Unterrichts auseinandersetzen kann. Denn nur so können alle gute Lernerfolge erzielen. Aus diesem Grund gibt sich die Klasse XY folgende Regeln:

Unterrichts- und Gesprächsregeln G-Katalog	Klassen- und Schulregeln K-Katalog
1. Während des Unterrichts verhalten wir uns angemessen ruhig, damit sich alle konzentrieren können.	1. Wir erscheinen pünktlich zum Unterricht und sind zum Gong arbeitsbereit.
2. In Unterrichtsgesprächen verzichten wir auf Nebengeräusche, Lachen und sonstige Störungen	2. Im Unterricht essen und trinken wir nicht ohne ausdrückliche Erlaubnis einer Lehrkraft.
3. Wir hören uns gegenseitig zu, lassen andere ausreden, schreien nicht herum und rufen nicht in den Unterricht hinein.	3. Während der Stunde stehen wir nicht unaufgefordert auf oder rennen durch den Klassenraum.
4. Während die Lehrkraft oder ein anderer Schüler spricht, hören wir zu. Treten dabei Fragen auf, so melden wir uns und stellen diese nach Aufruf.	4. Außerdem streiten wir nicht miteinander, schlagen oder ärgern keinen.
5. Unsere Gesprächsbeiträge sollen zum Thema passen. Sonstige Anliegen klären wir in der Pause.	5. Wir beleidigen niemanden, nehmen keinem Eigentum weg oder stören ihn sonst in keiner Weise.
6. Wir arbeiten so, wie es jeweils gefordert ist. Bei Einzelarbeit allein, bei Partnerarbeit mit dem Arbeitspartner, bei Gruppenarbeit mit den eigenen Gruppenmitgliedern.	6. Während der Pausen und nach dem Unterricht säubern wir unseren Arbeitsplatz und werfen Müll weg
	7. Toilettenbesuche erledigen wir möglichst in der Pause.

Mit meiner Unterschrift bestätige ich, diese gemeinsam aufgestellten Regeln verstanden zu haben und verspreche, sie in Zukunft einzuhalten. Bei Verstößen muss ich mit Konsequenzen rechnen.
Ort, Datum, Unterschrift der Schülerin / des Schülers[18]

---

[18] Internetquelle Nr. 1: http://www.frankmoritz.net/Download-Dokumente/Klassen%20und%20Gespraechsregeln.pdf

Gut an dem Vertrag finde ich, dass es für jeden Schüler ein Exemplar gibt, welches er lesen und unterschreiben muss. Positiv wäre ebenfalls, wenn die Eltern den Vertrag auch zu Gesicht bekommen würden und auch zu Hause mit ihren Kindern besprechen. Leider wird das vor allem in der Hauptschule eine sehr utopische Vorstellung bleiben. Ich würde es daher als sinnvoll erachten, den Vertrag in der 5. Klasse zu schließen und in den folgenden Klassenstufen nur noch darauf zu verweisen. Es wäre noch um einiges sinnvoller und der Vertrag würde wesentlich mehr Gewicht bekommen, wenn dieser Vertrag auf die komplette Schule übertragen wird. Allerdings bin ich der Meinung, dass der Regelkatalog aus dem Internet zu viele Regeln beinhaltet. Im Seminar „Unterrichtsstörungen" hat sich die Seminargruppe darauf verständigt, dass fünf Regeln die maximale Anzahl an Regeln sein sollte. Fünf präzise und verständlich formulierte Regeln reichen aus um das Verhalten der Schüler positiv zu beeinflussen und Grenzen aufzuzeigen. Diese fünf Klassenregeln sollten dann gut sichtbar im Klassenzimmer aufgehängt werden, damit die Regeln immer im Blick aller Schüler sind. Im Seminar haben wir ebenfalls besprochen, dass die Regeln in einer Art Klassenkonferenz zusammen mit den Schülern festgelegt werden sollen. Nur wenn diese die Regeln für sinnvoll und angebracht erachten, werden sie sich daran halten.

Zu achten ist darauf, dass Regeln nicht negativ formuliert werden, da sich Schüler durch eine positive Formulierung der Regeln mehr angesprochen und respektiert fühlen. So genügt in Regel Nr.3 des G-Katalogs, „Wir hören uns gegenseitig zu, lassen andere ausreden, schreien nicht herum und rufen nicht in den Unterricht hinein." Der erste Satz, „Wir hören uns gegenseitig zu, lassen andere ausreden,[…]". Dieser beschreibt die Regel umfassend, weshalb der Zusatz, „[…], schreien nicht herum und rufen nicht in den Unterricht hinein.", überflüssig und durch seine negative Formulierung ungeeignet ist.

Regel Nr.6 halte ich für unnötig, da die Sozialformen den Schülern bekannt sein sollten. Wenn man sie aber so in den Katalog aufnehmen möchte, würde ich das Maß der Lautstärke der einzelnen Sozialformen in die Regeln mit aufnehmen.

Regel Nr.2 des K-Katalogs würde ich positiv Formulieren, beispielsweise: „Wir essen und trinken nur mit der ausdrücklichen Erlaubnis der Lehrperson." Im Seminar einigten wir uns auf fünf Regeln, die in der Klasse gelten könnten. Diese könnten folgendermaßen lauten:

1. Wir sind pünktlich im Klassenzimmer
2. Wir essen und trinken nur mit der ausdrücklichen Erlaubnis der Lehrperson.
3. Wir bleiben während dem Unterricht auf unserem Platz sitzen.
4. Wir gehen respektvoll mit unseren Mitschülern und ihrem Eigentum um.
5. Wir räumen nach dem Unterricht unseren Arbeitsplatz auf und verlassen das Klassenzimmer sauber und aufgeräumt.

Die Quelle beinhaltet auch Konsequenzen für Regelverstöße:

Umgang mit Regelverstößen

Verstoße ich gegen eine Klassen- oder Schulregel, muss ich mich entschuldigen und den Regelteil abschreiben, damit ich ihn mir besser merken kann.
Bei wiederholten Verstößen muss ich meinen Eltern erklären, dass ich am jeweiligen Freitag der Woche später nach Hause komme, weil ich in der 7. Stunde Regeln lernen oder versäumte Unterrichtsinhalte nachholen muss.
Bei sehr schlimmen Verstößen kann ich von meinen Eltern abgeholt werde, damit ich niemanden mehr schaden oder wehtun kann.

Verstoße ich gegen eine Gesprächs- oder Unterrichtsregel, muss ich den Regelteil abschreiben, um ihn mir besser merken zu können.
Bei wiederholten Verstößen muss ich meinen Eltern erklären, dass ich am jeweiligen Freitag der Woche später nach Hause komme, weil ich in der 7. Stunde Regeln lernen oder versäumte Unterrichtsinhalte nachholen muss. Ändere ich mein Verhalten nicht, werde ich umgesetzt, um andere Mitschüler nicht zu stören.

Bei Verstößen gegen Ordnungs- bzw. Schulregeln muss ich während der Pause oder nach Schulabschluss zusätzliche Aufräumarbeiten erledigen oder Unterricht nachholen.
Bei wiederholten oder schweren Verstößen muss ich meine Eltern anrufen und ihnen erklären, dass ich am jeweiligen Tag wegen Aufräumarbeiten später nach Hause komme.
Bei sehr schlimmen Verstößen kann ich z. B. vom Hausmeister zu zusätzlichen Aufräumarbeiten herangezogen werden.

---

[19]

---

[19] Internetquelle Nr. 1: http://www.frankmoritz.net/Download-Dokumente/Klassen%20und%20Gespraechsregeln.pdf

Die Konsequenzen, die die Internetquelle für Verstöße gegen diese Regeln nennt, könnte man ebenfalls verbessern. Das Nachholen von Unterrichtsinhalten beispielsweise ist als Strafe ungeeignet, da die Schüler die Inhalte sowieso nachholen und die Zeit dafür aufbringen müssen. So würde man den Schülern eher helfen und ihnen kaum deutlich machen, warum sie gegen eine oder mehrere Regeln verstoßen haben. Genauso ungeeignet halte ich das Abschreiben der Regel, gegen die man verstoßen hat, da diese Art der Bestrafung eher einfallslos ist und keine sehr abschreckende Wirkung auf die Schüler hat. Die Entschuldigung für einen Verstoß gegen eine Regel sollte nicht extra festgehalten werden, da ich das als selbstverständlich erachte. Werden Schüler als Strafe umgesetzt, hat das meiner Meinung kaum eine Wirkung, genau wie das Abschreiben der Regeln. Das Umsetzen hat eher die Wirkung, dass der Schüler den Unterricht noch mehr stört, da er so noch mehr Aufmerksamkeit bekommt. Ich sehe diese Art der Strafe eher als „Alibi-Strafe" der Lehrperson an, die sich nicht die Mühe machen möchte eine Individuelle Strafe für den Schüler auszudenken. Aufräumarbeiten können in manchen Fällen durchaus eine sinnvolle Strafe sein, doch würde ich diese Strafe nur verhängen, wenn ein Schüler beispielsweise ihren Müll nicht in den Mülleimer wirft, sondern auf seinem Platz liegen oder auf den Boden fallen lässt. Die Strafe, dass die Schüler von ihren Eltern abgeholt werden, halte ich unter gewissen Umständen für angebracht, da die Schüler so die versäumten Unterrichtsinhalte in der Zeit nachholen müssen, in der sie normalerweise ihren Freizeitbeschäftigungen nachgehen hätten können. So stellt dieser „Freizeitentzug" die eigentliche Strafe dar, was sie als Dauerzustand sicherlich nicht gut finden. Diese Strafe würde ich allerdings nur anwenden, wenn die Schüler das Unterrichten unmöglich machen. Das kann allerdings auch zu einem Problem werden, da jede Lehrperson eine individuelle Schmerzgrenze hat und diese Individualität für die Schüler ungerecht erscheinen mag, da sie so bei einer Lehrperson schneller eine Strafe erhalten als bei einer anderen. Ein wichtiger Aspekt, der nicht unberücksichtigt bleiben darf, ist, dass Schüler der Schulpflicht unterliegen, daher kann ich mich nicht uneingeschränkt für den Ausschluss eines Schülers als Strafe aussprechen, da dass ein Verstoß gegen dieses Gesetz wäre.

Ich selbst würde deshalb keine expliziten Konsequenzen für Regelverstöße festlegen, da jede Situation, in der Schüler gegen Regeln verstoßen, eine einmalige Situation ist. Die Konsequenz sollte deshalb ebenso individuell sein. Ich halte das für einen Vorteil, da die Schüler nie wissen, welche Konsequenzen ihr regelwidriges Verhalten nach sich ziehen wird. Gleichzeitig wirkt diese Art, Regelverstößen zu begegnen, mit Sicherheit abschreckend auf die Schüler. Die

Schüler können sich ansonsten genau ausrechnen welche Strafe sie für jeden Regelverstoß bekommen und nehmen die Regeln dann möglicherweise nicht mehr richtig ernst.

Interview zu Ritualen und Regeln in der Schule

Eine ehemalige Studienkollegin absolviert momentan ihre Referendariatszeit in einer Grund- und Hauptschule. Sie hat mir zum Thema Rituale und Regeln Folgendes berichtet:

Der informierende Einstieg zum Anfang der Stunde ist ein sehr wichtiges Ritual an der Schule, worauf auch sehr viel Wert gelegt wird. Die Schüler können genau verfolgen, wie die Stunde ablaufen wird. Gute Einstiegsrituale für das Fach Deutsch seien am Wochenanfang z. B. ein Zitat der Woche, eine Wortart der Woche oder ein Witz der Woche.

Das Reflexionsritual am Ende der Stunde spielt ebenfalls eine große Rolle. Die Schüler reflektieren dabei über die abgelaufene Stunde, was sie daraus mitgenommen haben, was ihnen nicht so gut gefallen hat und was man besser machen könnte. Ihre persönliche Einschätzung ist, dass sie es für eher schwierig hält, dieses Ritual in jeder Stunde umzusetzen. Sie schlägt vor, das Reflexionsritual nur nach jeder Unterrichtseinheit zu vollziehen, was sie auch schon ausprobiert hat. Sie sieht die Schwierigkeiten allerdings darin, dass man genau formulieren muss, was die Schüler reflektieren sollen, ansonsten würden nur Phrasen rauskommen wie: „Alles war gut" oder „nichts war schlecht" oder auch „es war langweilig". Sie betont, dass hier eine klare Strukturierung notwendig ist. Diese Rituale werden nicht in der ganzen Schule verwendet, jede Klasse hat ihre eigenen Rituale.

In der Grundschule werden drei verschiedene Arten als Ruhesignal verwendet: Eine Triangel, das Fuchszeichen und von 10 herunter zählen. Ein Problem sieht sie bei der Triangel, da manche Lehrer nicht nur einmal das Zeichen geben, sondern mehrmals, und daraus Konflikte entstehen können. So kann das Zeichen an Aussagekraft verlieren, wenn es falsch eingesetzt wird.

Regeln gibt es für jede Klasse. Diese müssen allerdings für alle Schüler transparent sein. Bei der Formulierung muss darauf geachtet werden, dass die Regeln sinnig und positiv formuliert sind. Diese Regeln machen das Unterrichten sehr viel einfacher, da sich bei Lehrern und Schülern eine Routine einspielt und so auch weniger Fragen oder Störungen entstehen.

Den informierenden Einstieg habe ich bereits im Kapitel Rituale im Unterricht mit allen Vor- und Nachteilen beschrieben und ich halte diese Art des Einstiegs aus mehreren Gründen für sinnvoll, weil die Schüler so den Stundenverlauf nachvollziehen können und es weniger Fragen bezüglich des Verlaufs auftreten. Das Reflexionsritual habe ich ebenfalls schon beschrieben und ich bin der Meinung, dass bei der Reflexion der informierende Einstieg eine hilfreiche Rolle spielt, da sich die Schüler so besser an die einzelnen Phasen der Unterrichtsstunde orientieren können. Der Vorschlag meiner ehemaligen Studienkollegin, das Reflexionsritual nur nach jeder Unterrichtseinheit anzuwenden, hat den Vorteil, dass dadurch für dieses Ritual weniger Zeit geopfert werden muss. Allerdings müssen sich die Schüler dann an mehrere Unterrichtsstunden erinnern, was sicherlich sehr schwierig ist, je nach Länge der Unterrichtseinheit.

Resümee

Bei meiner Literatursuche bin ich auf die ein oder andere Quelle gestoßen, die mir sehr hilfreich war, aber auch auf Quellen, die ich nicht weiterempfehlen würde. So ist das Buch von Susanne Petersen „Rituale für kooperatives Lernen in der Sekundarstufe 1" recht umfassend und beinhaltet präzise Beschreibungen von Ritualen (Ablauf/Ziel/Funktion/erwartete Wirkung/Gefahrenpotenzial und Handlungsmöglichkeiten). Für jemanden wie mich, der noch nicht viele praktische Erfahrungen mit Ritualen in der Schule gesammelt hat, ist das Buch ein guter Einstieg mit vielen Anregungen und Beispielen. Das Buch „Jedes Kind kann Regeln lernen" von Annette Kast-Zahn ist vor allem für Eltern sehr gut geeignet, da es Beispiele und Möglichkeiten gibt, mit Kindern umzugehen, wenn dieses oder jenes Problem auftaucht. Das Buch beinhaltet Anleitungen für viele Situationen, die in der Kindheit auftreten können.

Das Buch „Rituale geben Sicherheit" von Diekemper und Reimann-Höhn beinhaltet sehr viele Beispiele und wie man mit Hilfe von Ritualen alltägliche Situationen besser steuern kann.

Es gibt noch einige weitere Bücher, die aber alle das Thema nicht so praxisorientiert und umfassend behandeln wie die Bücher von Petersen, Kast-Zahn und Diekemper/Reimann-Höhn.

Mit den einzelnen Kapiteln habe ich versucht, die in der Einleitung gestellten Fragen zu beantworten und ich denke dies ist mir gelungen. Das erste Kapitel beantwortet die beiden Fragen, was Rituale sind und welchen Zweck sie haben

Das darauf folgende Kapitel beantwortet die Fragen, welchen Nutzen und welche Schwierigkeiten Rituale mit sich bringen und welche Rituale die am häufigsten verwendeten im Alltag und in der Schule sind. Dazu habe ich darauf hingewiesen, dass die Rituale und Regeln nicht nur Vorteile bieten und man deshalb genau abwägen sollte, bevor man ein Ritual einführt. Ich bin der Meinung, dass Rituale, wenn sie richtig eingesetzt werden, mehr Vorteile als Nachteile bieten.

Meiner Meinung nach sollte man Rituale früh einführen, da es bei älteren Personen und Schülern oft nicht mehr die gewünschte Wirkung erzielt. Für die Schüler wäre es optimal, wenn die gleichen Verhaltens- und Gesprächsregeln in der ganzen Schule praktiziert werden. So muss jede Klasse die gleichen Regeln beachten und befolgen. Den Lehrpersonen bietet es den Vorteil, nicht für jede Klasse individuelle Regeln aufstellen müssen. Die Schüler lernen so bereits in der ersten Zeit an ihrer Schule Regeln kennen, die dort eingesetzt werden. Auch einige Rituale kann man durchaus in der gesamten Schule praktizieren. Beispielsweise der Morgenkreis oder das Reflexionsritual. Rituale, die nur von Klassenstufe 5 bis 8 gelten und dann in den Stufen 9 bis 10 anderen weichen müssen, halte ich ebenfalls für denkbar, da die Schüler ab einem Gewissen Alter die Rituale, die zum Anfang ihrer Schulzeit galten, für lächerlich und kindisch halten. Sie sind dann aber alt genug, um an der Realisierung eines ritualisierten, störungsfreien Unterrichts aktiv beteiligt zu werden. Schwer ist finde ich, dass sich das gesamte Lehrpersonal intensiv mit Ritualen und Regeln auseinandersetzen, diese akzeptieren und realisieren müssen, ansonsten kann man diese, ich nenne sie mal „Schulrituale und -regeln" nicht erfolgreich umsetzen.

Quellen

Literatur

Diekemper, Elisa; Reihmann-Höhn, Uta: Rituale geben Sicherheit. Wie Kinder Vertrauen gewinnen. Verlag Herder, Freiburg 2000

Kaiser, Astrid: 1000 Rituale für die Grundschule. Schneider Verlag Hohengehren GmbH, Baltmannsweiler 2006, 4. unveränderte Auflage

Kast-Zahn, Annette: Jedes Kind kann Regeln lernen. Vom Baby bis zum Schulkind: Wie Eltern Grenzen setzen und Verhaltensregeln vermitteln können. Oberstebrink Verlag GmbH, Ratingen 1998, 4. Auflage

Kunz, Marianne: Warum der Löwenzahn weiße Haare bekommt. Texte und Rituale zu Abschieden und Übergängen. Herder Verlag, Freiburg 2008

Petersen, Susanne: Rituale für kooperatives Lernen in der Sekundarstufe I. Cornelsen Verlag Scriptor GmbH & Co. KG, Berlin 2009 6. Auflage

Internetquellen:

http://www.frankmoritz.net/Download-Dokumente/Klassen-%20und%20Gespraechsregeln.pdf (abgerufen am 27.08.2009 9:59)

http://www.welt.de/welt_print/article1616505/Schueler_brauchen_strenge_Regeln.html (abgerufen 27.08.2009 9:54 Uhr)

Anlage

Lars und Lina spielen Schule

Eine Geschichte davon, wie Schule sein könnte

>>Was willst du lieber sein, Lehrerin oder Schülerin?<<, fragt Lars seine Freundin. Die beiden spielen seit Tagen >>Schule<<. Meistens ist Lina dann die Lehrerin. >>Alle setzen<<, ruft Lina. Lars muss sich dann brav hinsetzen. Linas kleine Schwester Sabine darf auch mitspielen, aber nur solange sie ganz artig ist und nicht stört. Fränzi, ihre ältere Schwester, findet solche Spiele inzwischen doof. Aber das stört Lars und Lina wenig.

Eine alte Brille ohne Gläser hat Lina unlängst auf dem Dachboden gefunden. Die setzt sie sich auf die Nase. Damit sieht sie richtig streng aus. In der rechten Hand hält Lina ein Stück weiße Kreide. Sie stellt sich neben die Spielzimmertafel und räuspert sich lautstark. >>Was ist 1+1?<<, fragt sie mit ernster Mine. Sie kritzelt die Rechenaufgabe auf die Tafel. Lars nimmt seine Finger zu Hilfe und ruft: >>1+1=2, das weiß doch jedes Baby!<< >>Dann frag mal Bienchen, die weiß es bestimmt nicht<<, erwidert die >>Lehrerin<<.

>>Die kann ja noch nicht einmal richtig sprechen. Aber wir sind ja schon groß<<, prahlt Lars. >>Dann sag mir mal was 10+10 ist, du Schlauberger?<<, erwidert die >>Lehrerin<<. Da gehen bei Lars beim Zählen die Finger aus und er stottert kleinlaut: >>Ich weiß es nicht.<< >>Gut so<<, sagt Lina, >>denn wenn du schon alles kannst, ist es dir ja richtig langweilig in der richtigen Schule. Ich weiß das Ergebnis halt von Fränzi. Und von Fränzi weiß ich auch, dass man noch viel, viel mehr in der Schule lernen kann. Die kann schon ganze Buchstaben schreiben und Zahlen kennt sie auch schon jede Menge und weiß auch, wie man sie zusammenrechnet. Manchmal erzählt sie abends im Bett davon.<<

Da hat Lina eine Idee: >>Komm, wir spicken mal in ihren Schulranzen und schauen in ihren Heften nach, was sie schon alles gemacht hat.<< Fränzi ist gerade in der Musikschule. Die beiden staunen nicht schlecht.

Wieder zurück in der >>Schule<< im Spielzimmer muss Lars ein Tier malen und den Anfangsbuchstaben dazu kritzeln. Und Lina probiert es an der Tafel. >>Das ist gar nicht so leicht<<, findet Lars. Seine >>Lehrerin<< stimmt ihm zu. Aber beide haben großen Spaß beim Ausprobieren.

Poch-poch klopft es an die Tür. Mama ruft: >>Pause, es gibt Pfannkuchen für die ganze Schule.<< Und da sind Malen, Rechnen und Schreiben schnell vergessen. Bienchen plappert: >>Eins und eins ...<<

Kunz, Marianne: Warum der Löwenzahn weiße Haare bekommt, Texte und Rituale zu Abschieden und Übergängen. Verlag Herder, Freiburg 2008

Rituale und Zeremonien als soziokulturelles Gut

Von Alice-Salomon, 2001

Einleitung

Das Ausüben von Ritualen und Zeremonien sind wichtige soziale Verhaltensweisen, die den Menschen als soziales Wesen ausmachen. Sie werden ständig und überall praktiziert und als soziokulturelles Gut von Generation zu Generation weitervererbt. Sie haben wichtige soziale Funktionen und helfen schon seit Urzeiten bei der Verarbeitung von inneren Gefühlen und Erfahrungen.

Im Rahmen dieser Arbeit möchte ich auf „Rituale und Zeremonien als soziokulturelles Gut" eingehen und einen kurzen Überblick über die vielfältigen Bereiche und die Funktionen, in denen sie wahrgenommen werden, darstellen.

Bei der Erarbeitung des Stoffes musste ich allerdings feststellen, dass das Thema in der Literatur aus recht verschieden Blickwinkeln, einzelner Wissenschaftsgebiete dargestellt wird. Aus Platz und Zeitgründen kann ich im Referat leider nur einen kleinen bzw. kurzen Einblick dazu geben. Ich werde auf Wortgeschichte und Definition, die Rolle der Symbole in rituellen Handlungen und auf die Unterscheidung von Ritual, Ritus, Ritualisierung und Ritualismus eingehen. Des Weiteren versuche ich die Wirkungsfelder und die spezifischen Funktionen darzulegen. Zu besprechende Wirkungsfelder sind der religiöse, kultische Bereich, das Ritual als Form der Kommunikation, als Mittel der Bewältigung des Allgemeinen und Besonderen im Alltag. Hier werde ich kurz auf das Gesundheitswesen eingehen und das Erscheinungsritual und Pflegeritual erwähnen. Danach werde ich über die Funktion und den Aufbau von Übergangsriten reden. Vor der zusammenfassenden Schlussbetrachtung widme ich mich dem Verhältnis des Rituals zum beschleunigt kulturellen Wandel unserer Gesellschaft und der z.T. kontrovers diskutierten Problematik: Kann man heute von einer Entritualisierung oder eher von einer Renaissance der Rituale sprechen?

Vorgehensweise

Zur Erarbeitung des angegebenen Themas wählte ich als Vorgehensweise die Literaturrecherche. Um erst einmal einen Überblick zu bekommen schaute ich zunächst in mehrere Lexika. Am meisten behilflich waren u.a. „Grundbegriffe der Soziologie", herausgegeben von B. Schäfers und das „Soziologie Lexikon" vom Oldenburg Verlag. Zum tieferen Einblick schaute ich in Arbeiten aus verschiedenen Wissenschaftsgebieten zum Thema „Ritual". Hilfreich waren hier u.a. die Werke aus anthropologischer und ethnologischer Sicht von Mary

Douglas „Ritual, Tabu, und Körpersymbolik", Turner „Das Ritual, Struktur und Anti- Struktur" und Cecilia Rendmeister in „Bilder- Symbole- Rituale" von Wolfg. Scheiblich herausgegeben. Weiterhin konnte ich einen Einblick bei Reiner Weidmann „Rituale im Krankenhaus" in die ethnopsychoanalytische und bei „Pflegerituale" von Mike Walsh und Pauline Ford in die pflegewissenschaftliche Betrachtungs- bzw. Bearbeitungsweise erhalten. Für mich relevante Artikel entdeckte ich u.a. in der Fachzeitschrift „Die Schwester/ Der Pfleger", zur Thematik der Pflegerituale.

Definition und Wortgeschichte

Zunächst zur Wortgeschichte. Ausgangspunkt ist das Wort *Ritus* mit der Bedeutung „Zeremonie, feierlicher religiöser Brauch". Es wurde im 17.Jhd. aus dem gleichbedeutenden lat."ritus" entlehnt. Das Adjektiv „Ritualis" hatte sich schon früh verselbstständigt und substantiviert. Daraus wurde im sprachlichen Alltag der säkulare Begriff Ritual. Auch in älteren Wortstämmen haben sich Bedeutungsaspekte erhalten: altind. Rtam: sittliche Weltordnung, altgerm. Urd: Schicksalsmacht. (S. Weis, K., 2000, 288)

Zu Zeremonie finden wir im Herkunftswörterbuch: „**Zeremonie:** <Gesamtheit der zu einem Ritus gehörenden äußeren Zeichen und Handlungen; Feierliche Handlung; Feierlichkeit>,". (Duden, 1989, 828) Es hat sich im 14.Jh. aus dem mlat. *Ceremonia* (lat.caerimonia" religiöse Handlung; Feierlichkeit") entlehnt und geriet ab dem 16.Jh. „unter den Einfluss von entsprechend franz. *Cérémonie*.(ebd.)

Rituale und ihre Handlungsmuster werden von verschiedenen Wissenschaftszweigen beschrieben und erforscht. Ethnologen, Anthropologen, Psychologen, Religionswissenschaftler beschreiben und definieren diese aus ihrer eigenen spezifischen Sicht. Es gibt eine Vielzahl von Definitionen. Um aber überhaupt erst einmal eine kurze, wenn auch allgemeinere Definitionserklärung zu haben, schaute ich zunächst in das Lexikon.

> „***Ritual,*** *im allgemeinen Sprachgebrauch regelmäßig stattfindende weitgehend gleichablaufende Handlungsabfolge. In den Sozialwissenschaften bezeichnet man mit Ritual eine Folge von traditionell bestimmten, nicht alltäglichen Handlungen, die expressiv betont werden und weitgehend standardisiert sind. Nach Émile Durkheim haben sie die Funktion, die Gruppenidentität und das Zusammengehörigkeitsgefühl einer sozialen Gruppe zu bestätigen und zu stärken. Mit dem Begriff* **Ritus** *werden*

Teilbereiche eines gesamten Rituals oder einzelne rituelle Handlungen innerhalb eines Rituals bezeichnet. (Jutta Brusis)" (Microsoft Encarta Enzyklopädie 2000)
*"**Ritual**, Begriff von ungenauer Bedeutung, oft bedeutungsgleich mit Ritus. Sozial geregelte, kollektiv ausgeführte Handlungsabläufe, die nicht zur Vergegenständlichung in Produkten oder zur Veränderung der Situation führen, sondern die Situation symbolisch verarbeiten.*
Allgemein in der Bedeutung von Festgefügten Modellen und Spielregeln des sozialen Verhaltens (z.B. Begrüßung, Kampf, Friedensschluss, Ehrung)."
(Lexikon zur Soziologie, 1988, Obladen, S.650)

Rituale sind also erst einmal „kulturell standardisierte Handlungen mit einer symbolischen Bedeutung." (Weis, K., 1992, 486) Durchgeführt werden sie „bei bestimmten Anlässen die von Traditionen vorgeschrieben sind."(ebd.) Einige beschreiben Rituale auch einfach „als symbolisches Verhalten, welches zu bestimmten Gelegenheiten in stilisierter Form wiederholt wird."(ebd.). Sie sind in der Regel sehr komplexe Handlungsabläufe, die szenisch praktiziert werden. Die Informationen und Situationen werden symbolisch dargestellt und informieren den, der die Symbole auch kennt. Alle Rituale setzen die Symbolbenutzung voraus. Sie verdeutlichen gesellschaftliche Normen, steuern, erlauben und begrenzen Verhalten und können sowohl bewusst arrangiert, als auch unreflektiert und unbewußt eingesetzt werden.

Rituale dienen der Kommunikation, sie werden als expressiv bezeichnet. Wahrgenommen werden sie meist als Interaktions- und Begrüßungsritual (z.B. Gruß, Handschlag, etc.), im Bereich „des religiösen Kultus von Stammeskulturen bis zu den derzeitigen Weltreligionen; im Christentum etwa Sakramente, hl. Messen und Abendmahlsfeiern"(Weis, K., 2000, 287) und als Ritual der Übergangs- und Statuswechsel. Auf all diese Gebiete werde ich noch später etwas genauer eingehen.

Wie schon erwähnt, ist der Sprachgebrauch sehr ungenau. Kurt Weiß weißt darauf hin, dass schon allein "Ritual" und „Zeremonie" von den Wissenschaften unterschiedlich, mal als Ober- und Unterbegriff, oft aber auch gleichberechtigt und austauschbar verwendet werden. (S. Weis, K., 2000,288) R. Weidmann schreibt: „Die Rituale sind in eine `zeremonielle Ordnung´ (Goffmann 1975,S.126) eingebunden." (Weidmann, R., 1990, S.53). Von vielen Autoren werden aber Zeremonien als Gesamtbegriff für den äußeren Rahmen ritueller Handlungen verwendet, insbesondere für die Übergangs- und Initiationsriten.

In den Ausführungen von Kurt Weiß werden Ritual, Ritus, Ritualisierung und Ritualismus klar getrennt. Ich denke, seine deutliche Abgrenzung dieser

Begriffe ist für uns nicht unwichtig und werde im nächsten Abschnitt darauf eingehen.

Ritual, Ritus, Ritualisierung, Ritualismus

Ritual, Ritus, Ritualisierung, Ritualismus werden von K. Weis detailliert unterschieden, da sie „ verschiedene Verhaltenskomplexe aus unterschiedlicher anthropologischer, kirchlicher und säkularer Sicht" beschreiben und „unterschiedliche Bewertungen" enthalten. (Weis, K., 2000,288) Die Trennung ist allerdings schwierig, da die Übergänge oft fließend sind.

Rituale vereinfachen, typisieren das Verhalten. Als komplexe, szenische Handlungsabläufe bestärken sie bestehende Gemeinsamkeitszustände. Dies gilt für alle Interaktionsrituale, insbesondere Grußrituale. Dabei werden die soziale Ordnung, Benimmregeln, Distanzen zwischen Geschlechtern und Altersklassen symbolisch geregelt.

Riten sind „rituelle Handlungen, welche ebenfalls aus einer „Kombination ritualistischer Ausdrucksweisen" bestehen. Sie sollen aber eine "Situation gestalten, Verarbeiten, Bindungen schaffen, Kontakte zur Umwelt oder zum Jenseits herstellen, Übergänge und Veränderungen bewältigen, Interaktions-Abbrüche (z.B. Tod) und andere menschliche Krisen verarbeiten". (Weis, K., 2000,289) Auf diese Übergangsriten gehe ich im achten Abschnitt genauer ein.

Ritualisierung definiert K. Weis als eine „Stilisierung und Vereinfachung funktional wichtiger Verhaltensfolgen, oft durch Übertreibung und rhythmischer Wiederholung von Signalen und Gesten."(ebd.) Diese Formalisierungen können wir zum Beispiel beim Gruß-, Balz-, Tanz-verhalten (auch im Tierreich) finden. K. Weiß verweißt darauf, dass eine Ritualisierung zum Ritus ausgebaut oder aber zu einer Routine verflacht werden kann.

Ritualismus ist eine extreme Form der Ritualisierung. Robert K. Merton beschreibt diese Form als eine Anpassungsform auf anomische Desorientierung (Weis, K., 2000, 289). Sinn, Zweck, Ziel und Inhalt sind den Verhaltensweisen verlorengegangen und werden nur noch in der Form aufrechterhalten, z.B. „falsche" Frömmigkeit, Moral, etc. (S., Weis, K., 2000, 288- 289)

Ritual und Symbol

Rituelle Handlungen sind symbolische Handlungen, mit einer symbolischen Bedeutung. Informationen und Situationen werden symbolisch verarbeitet und werden nur von dem verstanden, der den Symbolcharakter auch kennt. Die verwendeten Symbole haben somit eine idenditätstiftende und gemeinschaftsfördernde Funktion. So ist zum Beispiel der klassische weiße Kittel von Ärzten, Schwestern, Pflegern im Krankenhaus ein Symbol, welches die Gesundheitsberufe optisch vereint. Die Farbe **Weiß** symbolisiert hier Reinheit, Sauberkeit, Hygiene, (moralische) Unbefleckheit, und steht im Kontrast zu der, im Krankenhaus, ständigen Anwesenheit von Krankheit, Tod, Schmerz, Trauer und Hoffnungslosigkeit, welche in unserem Kulturkreis durch die Farbe **Schwarz** symbolisiert wird. Angestellte werden durch ihren Kittel als solche erkannt. Ein Status wird symbolisiert, welches einem statusdienenden rituellen Verhalten dient.

Das Wort **Symbol** stammt von dem griech. Verb *symballein* und bezeichnete das Erkennungszeichen, welches zwischen zwei Parteien verwendet wurde, zum Beispiel ein zerbrochener Ring, der beim Wiedertreffen auf Zusammengehörigkeit geprüft wurde. Ursprünglich handelte es sich also bei einem Symbol nur um einen materiellen Gegenstand. (S. Köhler, G., 2000, 387) Später erst entwickelte sich, so zum Beispiel in der frühen christlichen Kunst, die Doppeldeutigkeit. Etwas Wahrnehmbares (z.B. Gegenstand, Bild, Farbe) verweist auf etwas nicht unmittelbar Wahrnehmbares (z.B. eine Idee, der Glaube, die Zugehörigkeit zu einer Gruppe, etc.) und wird durch das Symbol repräsentiert. (ebd.) Symbole verweisen auch auf die soziale Beziehung und auf die sozialen Verhältnisse. Dieses trifft besonders bei dem Statussymbol zu.

Symbole haben auch einen Kommunikationscharakter. George H. Mead definiert deshalb Symbol mit: „Symbol ist alles, was Bedeutung hat und diese entsteht in der sozialen Interaktion, durch das Zusammenwirken von Person, Sache, und Situation."(Köhler, G., 2000, S.387)

Rituelle Handlungen sind reich an Symbolen, sie arbeiten und funktionieren durch und mit Symbolen. So ist zum Beispiel das christliche Abendmahl eine äußerst symbolhaltige rituelle Handlung, welches das Gemeinschaftsgefühl, Zugehörigkeit und Glauben an Jesus zeigen und dienen soll. Der Kelch steht hier für das Opfer, das Blut und die Kreuzigung Jesu, das Brot u.a. für „den Leib Christi", die Auferstehung, die Hoffnung. Es wären hier noch sehr viel mehr Symbole zu nennen, würde jedoch den Rahmen sprengen.

Ritual und Religion

Wie bei dem schon eben erwähnten christlichen Abendmahl, spricht man im kirchlichen Bereich von Riten bzw. Ritus (insbesondere bei den liturgischen Handlungen). Dies trifft natürlich auch auf andere Religionen und Kulte zu. Rituelle Handlungen sollen dem Glauben dienen und den Kontakt zur höheren Macht oder dem Jenseits herstellen und pflegen.

Auch sie haben einen ganz bestimmten festgelegten Handlungsablauf, szenisch dargestellt, oft mit einem angelegten Höhepunkt. Sie sind meist fest installiert im Jahresablauf und charakterisieren sich durch eine zu beobachtende Feierlichkeit, Festlichkeit. Emotionen werden zugelassen oder gar gewünscht, haben hier eine Entfaltungsmöglichkeit. Rituelle Handlungen dienen dem natürlichen Bedürfnis nach Spiritualität, oft jenseits rationaler, aufgeklärter Kontrolle.

Besonders interessant finde ich, dass in der Geschichte sich in den meisten Religionen Religionsstifter, Reformer und Erneuerer fanden (z.B. Buddha, Jesus, Luther), welche sich gegen den entstandenen Ritualismus, gegen die Überbetonung religiöser Riten und Rituale wanden. Die ursprünglichen oder auch neuen Inhalte des Glaubens sollten wieder hervorgehoben und an Bedeutung gewinnen. (S. Weis, K., 1992,489)

Ritual als Form der Kommunikation und Mittel zur Bewältigung von Allgemeinheiten und Besonderheiten im Alltag

Douglas definiert Rituale als „fixierte Kommunikationsformen, denen magische Wirksamkeit zugeschrieben wird". (Douglas, M., 1981,202) Auch sagt sie: „Rituale sind Medien der sozialen Interaktion."(Douglas, M., 1981, 203)

Für Douglas sind rituelle Handlungen „in erster Linie eine Form der Kommunikation" (ebd.). Sie haben eine magische (spirituelle) Wirkungskraft (siehe vorheriger Abschnitt), welches „ein Produkt der sozialen Kontrolle" ist und „ein Instrument des wechselseitigen Zwangs, das nur fassen kann, wenn das ganze System vom Konsens der ihm Angehörigen getragen wird."(ebd.). Diesen Kontrollcharakter und den magischen Gehalt des Rituals belegt sie mit mehreren Beispielen, aus denen ich nur kurz zitieren möchte: „Wenn ein Medizinmann, der einen Fetisch mit magischen Kräften ausstattet, einzig und allein auf sein persönliches Charisma angewiesen wäre, müssten seine Bemühungen erfolglos bleiben. Die Macht der Magie leitet sich von der Legitimität des Systems ab, zu dessen Kommunikationsform sie gehört. Ähnlich wie die Warnschilder an Starkstromanlagen hat sie die Funktion, die Kommunikationskanäle ungestört zu erhalten... Die Wirksamkeit bestimmter magischer Praktiken (ist) ein Gradmesser der politischen Legitimation". (ebd.)

Das Ritual bestätigt die kollektive Realität des Gruppenlebens, es dient der Bestätigung der sozialen Ordnung.

Goffmann ging hier sogar noch weiter, indem er darlegt, dass selbst die alltäglichsten Interaktionsrituale die soziale Ordnung definieren und die gesellschaftlichen Beziehungen bestätigen. (S. Weis, K., 1992,487) Einfaches Beispiel: Im Grußritual wird die soziale Ordnung definiert unter der Frage: Wer grüßt wen, wann zuerst.

Umso problematischer aber die Situation ist, bzw. angesehen wird, desto stärker wird sie durch rituelles oder ritualisiertes Handeln abgestützt, um so wichtiger und aufwendiger werden Rituale gepflegt. Als Beispiel nenne ich die sogenannten „Benimmregeln", welche in kleinen wie auch großen Krisenreaktionen Bedeutung haben (z.B. diplomatische Rituale in der Politik).

Rituale und Riten zählen aber auch zu den „Techniken zur Bewältigung der Allgemeinheiten und Besonderheiten des Alltags". (Weis, K., 1992, 489) Gemeint sind hier die schon erwähnten Interaktionsrituale, wie zum Beispiel das Begrüßungsritual. Sie verarbeiten ebenfalls Situationen und Informationen symbolisch und informieren den, der den Symbolgehalt auch kennt. Zu den Interaktionsritualen gehören jedoch auch die Aggressionsrituale, man findet sie zum Beispiel auf Demonstrationen in Form von Sprechchören, Bildung von Ketten oder Blöcken, usw. Diese Aggressionsrituale sind gekennzeichnet durch Selbstbeschränkungsmechanismen, denn sie wollen ja auch wiederholt werden. Werden diese falsch erkannt und zerstört, kann es zur Eskalation kommen. (S. Weis, K., 1992,489) Dies erleben wir regelmäßig in Berlin, z.B. bei den „1. Mai"-Demonstrationen.

„Kulturen, Subkulturen und Gegenkulturen haben ihre eigenen Rituale zur eigenen Bestätigung und Identifikation." (Weis, K., 1992,489) Dies können wir zum Beispiel gut bei den sogenannten Jugendkulturen erkennen (z.B. Punkszene, Gotikszene, etc.).

Rituale, Riten können wir auch in neuen Bewegungen und Revolutionen ausmachen. Diese wollen neue Inhalte betonen und durchsetzen. Mit oft „fundamentalistischen Schwung" wenden diese sich gegen alte Symbole, mit welchen die vorherige Ordnung ihre Rituale zelebriert und ihre bisherigen

Herrschaft Ausdruck verliehen haben (S. Weis, 1992,489) So wurden in der Geschichte bei Umstürzen und Erneuerungen u.a. alte Bilder, Altäre, Denkmäler zerstört, alte Zöpfe abgeschnitten, Fahnen niedergerissen und verbrannt. Ich selber muss hier an die jüngste Geschichte, den politischen Zusammenbruch der DDR denken, wo man dann fast sämtliche sozialistische Denkmäler abriss, Straßen umbenannte. In der Wendezeit wurden neue Riten und Rituale geschaffen, z.B. „Runde Tische" mit dem Symbolgehalt von politischer Transparenz, Demokratie, gegenseitiger Toleranz.

„Alle sozialen Institutionen, alle Lebensbereiche, alle Situationen haben ihre Rituale, die einzuhalten und an Rollenverhalten- gern dabei an Amtsbewußtsein- gebunden sind ... und ein (rituell und durch Rituale) geordnetes Zusammen- und Über- Leben erst ermöglichen." (Weis, K., 1992,489)

Gemeint sind hier die typischen rituellen Handlungskomplexe, welche wir in bestimmten Institutionen, Situationen, Lebensbereiche finden, zum Beispiel innerhalb der Familie, Staat, Kirche, Berufsgruppen, etc. Natürlich gilt dies auch im Gesundheitswesen.

Rituale im Gesundheitswesen

Im Gesundheitswesen haben sich eine Fülle von Ritualen, Riten und Ritualismen entwickelt, welche mit ihren Symbolen, immer wiederkehrenden komplexen Handlungsabläufen und ihren innewohnenden Mythen den Tagesablauf der am Heil- und Pflegeprozess beteiligten bestimmen. Rituale können durchaus einen heilenden, stärkenden und stabilisierenden Charakter haben. Gefährlich sind sie aber, wenn sie nicht reflektiert und erkannt werden und letzten Endes vielleicht sogar dem Heilauftrag der Medizin und Pflege im Wege stehen. Meist werden sie weitergegeben ohne Prüfung auf ihren Zweck und Sinn.

Pflegerituale

Gerade die Pflege ist besonders reich an Ritualen. Dies liegt wahrscheinlich auch an der Tatsache, das eine systematische Aufarbeitung des Pflegewissens erst beginnt. Pflegende hinterfragen zu wenig ihre eigenen Handlungen. Veränderungen und kritisches Hinterfragen scheitern oft schon an dem Satz, der Haltung: „Das machen wir schon immer so!", dadurch geht viel Pflege-Energie und Pflege-Zeit verloren. (S. Zegelin, A., 1996,338)

Mike Walsh und Pauline Ford widmeten sich mit ihrem Buch „Pflegerituale" diesem Problem. Sie verglichen die übliche Pflegepraxis mit Forschungsbefunden und stießen auf Mythen und Rituale, die den heutigen Anforderungen einer fundierten Pflege einfach nicht gerecht werden. Rituale wurden benannt und analysiert aus der Pflegepraxis und im organisatorischen Bereich eines Allgemeinkrankenhaus.

Neander K.D. untersuchte die Methode des „Eisen- und Fönens„ zur Dekubitusprophylaxe und -therapie. Nach der Veröffentlichung ihrer Arbeit (in „Krankenpflege", 1989) fand diese in der Pflege großes Echo. Diese Pflegemethode, die ich noch selber in meiner Ausbildung kennengelernt habe, wurde als nicht wirksames Ritual bekannt und wird heute nicht mehr eingesetzt. Angelika Zeglin faßte diese Methode als Ritual kurz zusammen: „"Das Eisen und Fönen" trägt viele Züge eines klassischen Rituals. Vorbereitungen müssen getroffen, Material bereitgestellt werden. Zeit und Ort sind festgelegt, Wiederholungen geboten. Die Reihenfolge ist nicht beliebig, es heißt ja „Eisen und Fönen" und nicht etwa „Fönen und Eisen". Die/der Pflegende hantiert geheimnis- und geräuschvoll mit den Elementen, der Patient spürt etwas und die Anwenderin weist sich als Expertin aus. Nicht alle Anteile sind festgelegt, so wird geschickt mit eisgefüllten Kompressen oder Handschuhen, mit Coldpacks oder Sticks gearbeitet, manch einer setzt durch mehrmalige Durchgänge noch „eins oben drauf" – ungeachtet der Tatsache, dass die Abfolge der Temperaturreize durcheinander gerät. Mitunter werden sogar gerbende und färbende Substanzen, zum Beispiel Mercurochrom, aufgetragen: optische und geruchliche Signale verstärken die rituelle Wirkung. Niemand konnte sich erinnern, wie dieses Verfahren in die Pflege kam, erst nach Jahrzehnten verschwand es durch pflegewissenschaftliche Bearbeitung." (Zeglin, A., 1996, 339)

Erscheinungsrituale

Reiner Weidmann beschäftigt sich mit alltäglichen Arbeitsabläufen und Umgangsformen im Krankenhaus aus ethnopsychoanalytischer Sicht. Er entdeckte hier zahlreiche Rituale, symbolische Handlungen, kollektive Phantasien und Mythen."Die Gesamtheit all dessen, was im Rahmen unserer medizinischen Versorgung geschieht, verstehe ich als ein Ritual der Heilung. Aus Sicht des leidenden Menschen hat es einen Verlauf mit verschiedenen Etappen… Auf jeder Etappe können verschiedene Rituale zur Anwendung kommen… Der Stationsalltag beginnt mit einer Prozedur, bei der Patienten in aller Frühe geweckt werden, Temperatur gemessen, gewaschen, frisch gebettet, Stuhlgang abgefragt und gefrühstückt wird. Ich bezeichne dies zusammenfassend als Morgenritual. Anschließend läuft die Visite als Erscheinungsritual an, zu dem ich alle Vorbereitungen wie Informationssammlung und Nachbereitung zähle." Als weitere Rituale benennt er die Mahlzeiten, Maßnahmen zur Hygiene, Sterberituale und Entlassungsrituale. (Weidmann, R., 1990, 60-61)

Die Visite stellt für ihn ein besonderes Ritual dar, ein Erscheinungsritual. Sie ist der zentrale Ort des Informationsaustausches zwischen Arzt, Patient und Pflegekraft, „der soziale Ort der Entscheidung über medizinische und pflegerische Maßnahmen am Patienten" (Weidmann, 1990, 139) Gleichzeitig findet hier nach alter Tradition der „Unterricht am Krankenbett" statt. Auch die Reihenfolge ist genau festgelegt. Weidmann versteht die Visite „als triadische Szene", die „in der Regel eine patriachale Ordnung wider(spiegelt): Zuerst kommt der Chefarzt, danach der Oberarzt, der Stationsarzt, die Stationsschwester und am Schluß die Krankenpflegeschülerin. Die Krankenschwestern tragen dabei die Patientenunterlagen, reichen dem Arzt, was er benötigt, und sind ihm für allerlei Hilfeleistungen und Handreichungen verfügbar. (Jürgens- Becker 1983, S.8)" (Weidmann, R., 1990, 140) Das Hinwenden des ranghöchsten Arztes zu dem Patienten und das Aussprechen von Entscheidungen an die Mitarbeiter gelten als Höhepunkt des Erscheinungsrituals. (S. Weidmann, R., 1990, 139) Weidmann beschreibt den Konflikt als vom Patient artikulierten Wunsch nach persönlichen und „wenig durch Entfremdungsprozesse verzerrten Interaktionen und der von der kapitalistischen Produktion geprägten Interaktionen im Arbeitsvollzug" (Weidmann, R., 1990, 141) Weidmann verweist u.a. darauf, dass im „Erscheinungsritual gerade die lebendige Gruppenpraxis behindert und durch institutionell angebotene anderweitige Interaktionsformen ersetzt wird." (ebd)

Übergangsriten

Der Übergangsritus markiert den meist krisenhaften Übergang einer Person von einem Lebensabschnitt oder einem sozialen Status zu einem anderen. Übergangsritus, Rites de Passage, Initiationsritus und oft auch Zeremonie (für die ganze Handlungsabfolge), werden meist gleichbedeutend verwendet, wobei der Initiationsritus in einigen Abhandlungen auf die Einführung von Personen oder Gruppen in ein neues Amt oder eine neue gesellschaftliche Aufgabe beschränkt wird. (z.B. in Zünfte, Bruderschaften, etc.)

Der belgische Ethnologe Arnold Gennep verwendete als erster den Begriff des Übergangs bzw. Rite de Passage anfangs des 20. Jh.. Die tiefgreifenderen Übergänge jeden Lebens sind Geburt, Pubertät, ev. Heirat und Tod. Jeder Wandel ist von einem traditionell wichtigen Zeitabschnitt gekennzeichnet. Je wichtiger der Übergang und der Statuswechsel sind, um so stärker sind sie in Riten und Zeremonien eingekleidet. (Weis, K., 1992, 488)

Nach van Gennep finden die Übergangsriten in 3 Phasen statt:

1. Trennungsphase (separation)
2. Schwellenphase (marge)
3. Angliederungsphase (agrégation) (S. Turner, V. 1989, 94)

Die Separationsphase beinhaltet die Entfernung der Person von seinem früheren Status und wird unterstützt durch Trennungsriten. Alte Rollen, Verhaltensweisen, Gewohnheiten und Überzeugungen werden aufgegeben. Trennungsriten werden oft begleitet von Symbolischen Akten, wie Verbrennen, Zerschneiden, Vergraben. Oft finden Waschungen, Körper-reinigungen statt. Beispiel: Bei den von Klosinski beschriebenen Pubertätsriten ist die erste Phase die Trennung der Jugendlichen (vom Elternhaus, Schule, Kindheit, usw.), sie kommt meist „nur langsam und schleppend in Gang, meist gegen den Widerstand der Eltern". (Klosinski, G., 1991, 13)

Die Schwellenphase, auch Marge genannt ist die Übergangs- und Wandlungszeit. Der Ritualteilnehmer ist hier ohne Status, im sozialen Zwischenstadium. Turner beschreibt diese Phase als eine Art „tabula rasa". (Turner, V., 1989, 102) Diese Phase gilt als kritisch und zugleich als besonders wichtig und wird deshalb auch mit eigenen Riten begleitet. Diese Phase erfordert von den Teilnehmern auch Mut, denn er muss sich dem Geschehen passiv überlassen, seine Gefühle sind dabei oft sehr ambivalent. Symbole des Todes, der Auflösung, Masken und Kostüme, Körberbemalung, Piersing, Körberverstümmelung (z.B. Beschneidung) u. a. können verwendet werden. Der Teilnehmer befindet sich oft im rauschhaften, anarchistischen Zustand.

Beispiel: Bei den Pubertätsriten ist die Marge „in unserer Gesellschaft extrem verlängert, in ihr spielt sich die Jugendkultur, die Gegenkultur, die Rebellion und die Alternativszene ab." (Klosinski, G., 1991, 13)

Die Einfügungsphase ist eine Angliederungsphase, welche den Eintritt in die Gesellschaft mit neuem Status markiert. Dieser Prozess ist stark integrierend auf die soziale Gemeinschaft hin ausgerichtet und wird feierlich begangen.

Beispiel anhand der Pubertätsriten: Ursprünglich war die Aggretationsphase für Jugendliche der Eintritt in das Erwachsenalter und wurde durch feierliche Riten begangen, z.b. Konfirmation, Jugendweihe, heute ist die wirkliche Agrégation nicht mehr so leicht zu erkennen und hat sich zeitlich weit nach hinten verlagert.
Traditionelle Übergangsrituale erleichtern die Anpassung an neue Situationen. Sie werden heute auch ganz bewusst in Therapien (z.b. Familientherapie) neu eingesetzt. Sie sind wichtig bei der Bewältigung von sozialen Krisen und haben oft eine heilende und integrierende Wirkung,

Entritualisierung oder Renaissance der Rituale?

Die Frage, ob wir heute in einer Zeit leben, die geprägt ist von einem Verlust von Ritualen oder von einer „Renaissance der Rituale" wird in den Sozialwissenschaften sehr kontrovers geführt.

Wir leben heute in einer sehr schnelllebigen Zeit. Werte und Normen, die sonst das gesellschaftliche Zusammenspiel von Individuen regelten und bestimmten, verändern sich oder verlieren ihre Substanz. Klassische Dorf- oder Sippengemeinschaften scheinen im unaufhaltsamen Zerfallsprozess zu stehen. Familienstrukturen ändern sich, die klassische Kernfamilie löst sich in der Gesellschaft immer mehr auf. Bisherige Träger und Bewahrer von Traditionen werden immer mehr entmachtet und/ oder entledigen sich ihrer selbst. Auch die Kirche hat als Hüter und Bewahrer der letzten traditionellen Riten ausgedient. Zumindest ist eine Entfernung zwischen Normen, Werten und Glaubensinhalten in der Kirche und ihrer Gemeinde schon lange zu beobachten. „Es fehlen, so heißt es, die großen Riten von einst, die das Leben periodisch prägten und menschliche Gruppen auf ein gemeinsames Handeln festlegten und einigten. Die Entritualisierung geht, nach Meinung verschiedener Autoren, parallel mit der Desakralisierung." (Hugger, P., 1991, 27) Die Gesellschaft erlebt eine zunehmende Individualisierung, Vereinzelung. „In dem Maße, wie sich die Gesellschaft in Unter- und Randgruppen, in Subkulturen spaltete, in dem Maße auch, wie man die Individuelle Freiheit postulierte und dadurch Anonymität und Unverbindlichkeit ermöglicht wurden, haben auch die Riten ihren allseits verbindlichen Charakter, ihre für die ganze Gesellschaft gültige, zeichenhafte Sprache bis auf wenige Ausnahmen verloren."(ebd.) Hinzu kommt oft auch der Verlust des Wissens um den tieferen Sinn der Rituale. Klassische Übergangsriten, wie Jugendweihe, Konfirmation, Kommunion, verlieren für viele immer mehr den Sinn, da es oft nur noch um „das Abkassieren" der

Geschenke geht. Riten werden abgeschwächt verflacht und verlieren ihre emotionale Intensität, während die traditionellen Riten in den ursprünglichen Gesellschaften emotional aufgeladene Prozesse darstellten. Der Einzelne in der Krise stehende wurde von der Gemeinschaft durch Riten getragen. Heute kann durch die Zersplitterung und Individualisierung kaum noch Schutz und Stabilität geboten werden. Dennoch gibt es gerade heute eine ausgesprochene Sehnsucht nach rituellen Handlungen, manche sprechen gar von einer „Inflation der Riten" (Hugger, P., 1991, 27) Cäcilia Rentmeister kritisiert so auch das vorherrschende düstere Bild in den deutschen Sozialwissenschaften. Sie wendet sich gegen eine Idealisierung alter traditioneller Rituale und weißt auf neugeschaffene Riten und Rituale hin. „Für die westliche Kultur kann man nicht allgemein von Unterritualisierung, von `symbolischer Verödung´ sprechen. Alte Rituale werden vielleicht entwertet oder verlieren ihre Allgemeingültigkeit – aber viele Rituale neu geschaffen. Ob im Konflikt mit der Gesellschaft oder im Konsens: Identitätsbestätigung, Konfliktbewältigung, Gruppenbindung nehmen weiterhin in Ritualen Form an. Es gibt keine `heile Welt der Rituale´, da es keine heile Welt gibt- auch nicht in den traditionellen Gesellschaften. Selbst sehr alte Rituale bieten keine Gewähr für ewige Beständigkeit." (Rentmeister, C., 1999, 99) Als neu geschaffene Rituale beschreibt sie u. a. die noch junge Paradenkultur in Berlin („Love-Parade", „Christopher Street Day", „Karneval der Kulturen"). „Die Paraden erfüllen alle Ritualkriterien: identitätsbestätigend, gruppenbildend, zeit- und raumdurchstreifend; sie bilden Höhepunkte im Jahresablauf, für die Festwagen und Kostüme wird oft monatelang gearbeitet, die Show geprobt." (Rentmeister, C., 1999, 94) Ähnlich wie bei den traditionellen Übergangsriten, suchen „Viele InitiandInnen... geradezu die positive, integrative Identitätsbestätigung im Außen, in der Öffentlichkeit und den Medien."

Zusammenfassende Schlussbetrachtung

Zusammenfassend lässt sich sagen, Rituale sind Interaktionsformen, standardisiert sozial geregelte und kollektiv ausgeführte Handlungsabläufe, welche Situationen, zeitliche Zensuren und Übergänge symbolisch darstellen und verarbeiten.

Das Ausüben von Ritualen, produzieren von Symbolen und Beachten von symbolischen Bedeutungszuschreibungen gehört zu den hauptsächlichen Beschäftigungen des Menschen. Sie werden zu bestimmten festgelegten Anlässen, ohne jeweils erst erwogen zu werden, angewendet.

Von den Wissenschaften werden sie unterschiedlich beschrieben und in unterschiedlichen Bereichen wahrgenommen; als Kommunikations- bzw. Interaktionsform, in religiösen und kultischen Handlungen, als Mittel zur Bewältigung der Allgemeinheiten und Besonderheiten des Alltags und in Form von Initations- und Übergangsriten, mit einen eigenen dramaturgischen Aufbau. Alle sozialen Institutionen haben eigene spezifische Rituale entwickelt. Sie werden meist unreflektiert weitervererbt und können den zeitlichen aktuellen Erfordernissen widersprechen (z.b. Pflegeritual „Eisen und Fönen") oder im Konflikt mit dem gesellschaftlichen System stehen (rituelles Protestverhalten bei Demonstrationen).

Ansonsten haben sie wichtige soziale Funktionen:

1. „Rituale bestätigen Identität."

2. „Rituale helfen Konflikte im menschlichen Leben zu bewältigen."

3. „Rituale haben gruppenbildenden und gruppenbestätigenden Charakter." (Rentmeister, C., 1999, 73)

Rituale werden heute zunehmend in Therapien (z.B. Familientherapie) entwickelt und gezielt eingesetzt, zur Überwindung von Krisen und festgefahrenen Rollen.

Im Wandel der gesellschaftlichen Verhältnisse haben viele Rituale ihren symbolischen Sinn und Inhalt verloren. Viele Wissenschaftler sprechen von einem Entritualisierungsprozess. Andere widersprechen dem und weisen auf neu geschaffene Formen hin.

Allgemein lässt sich heute eine Sehnsucht nach Zeremonien und Ritualen (mit einer Emotion auslösenden Praxis) feststellen.

Persönlich finde ich es beruhigend und einfach schön, dass unsere moderne Gesellschaft, die doch vorwiegend ihr rationales und aufgeklärtes Handeln betont, von symbolischen und rituellen Handlungen geprägt ist und nach ihnen verlangt.

Literaturverzeichnis

Brusis, Jutta: Ritual, In Microsoft Encarta Enzyklopädie 2000, CD- Rom

Douglas, Mary: Ritual, Tabu und Körpersymbolik. Sozialanthropologische Studien in Industriegesellschaft und Stammeskultur, Suhrkamp, Frankfurt am Main, 1981

Drosdowski, Günther; Müller, Wolfgang; Scholze-Tubenrecht, Werner u.a., Duden. Etymologie. Herkunftswörterbuch der deutschen Sprache, Dudenverlag, Mannheim, 1989, S.828

Fuchs, W.; Klima, R.; Lautmann, R. u.a., Lexikon zur Soziologie, Westdeutscher Verlag, Obladen, 1988,, S.650

Hugger, P.: Pubertätsriten – einst und jetzt – aus der Sicht des Volkskundlers, In Baumgart, U.; Hugger, P. ; Klosinski, G. (Hrg.) u.a., Pubertätsriten. Äquivalente und Defizite in unserer Gesellschaft, Verlag Hans Huber, Bern, 1991

Klosinski, Gunther: Pubertätsriten – Äquivalente und Defizite in unserer Gesellschaft. Einführende Anmerkungen des Jugendpsychiaters, In Baumgart, U.; Hugger, P.; Klosinski, G. (Hrg.) u.a., Pubertätsriten. Äquivalente und Defizite in unserer Gesellschaft, Verlag Hans Huber, Bern, 1991

Köhler, Gabriele: Symbol, In Weis, Kurt; Gukenbiehl, Hermann L.; Schäfers, Bernhard (Hrg.)

u.a., Grundbegriffe der Soziologie, Leske + Budrich, Obladen, 2000, S. 385-388

Neander, K. D.: Welchen Einfluß hat die Methode "Eisen und Fönen" auf die Hautdurchblutung als Dekubitusprophylaxe?, Krankenpflege, 10/1989

Rentmeister, Cäcilia: Rituale als „soziales Drama" – Zur Bedeutung von Ritualen im menschlichen Leben, In Scheiblich, Wolfgang (Hrsg.); Schöttle, Sigrid; Henkel, Heide; u.a., Bilder-Symbole-Rituale. Dimensionen der Behandlung Suchtkranker,

Lambertus-Verlag, Freiburg in Breisgau, 1999

Turner, Victor: Das Ritual. Struktur und Anti- Struktur, Campus Verlag, Frankfurt/New York, 1989

Walsh, Mike; Ford, Pauline: Pflegerituale, Verlag Hans Huber, Bern, 2000

Weidmann, Reiner: Rituale im Krankenhaus. Eine ethnopsychoanalytische Studie zum Leben im einer Institution, Deutscher Universitäts- Verlag, Wiesbaden, 1990

Weis, Kurt: Ritual, In Weis, Kurt; Gukenbiehl, Hermann L.; Schäfers, Bernhard (Hrsg.) u.a., Grundbegriffe der Soziologie, Leske + Budrich, Obladen, 2000, S. 286- 290

Weis, Kurt: Ritual, In Reinhold, Gerd (Hrsg.); Recker, Helga; Lamnek, Siegfried u.a., Soziologie- Lexikon, Oldenburg Verlag, München, 1992, S. 486- 490

Zeglin, Angelika: Pflegerituale, in: Die Schwester/ Der Pfleger, 35. Jahrg., 4/96, S. 338- 342

Einzelbände:

- Carina Groth. Die Bedeutung von Ritualen in der Kindheit. ISBN: 978-3-640-95391-2.
- Sandy Brunner. Kinder und Rituale. Warum sind Rituale für Kinder in der Familie sinnvoll und wichtig?. ISBN: 978-3-656-54329-9.
- Nicole Wuttke. Rituale für Kinder: Ein pädagogisch wertvolles Hilfsmittel. ISBN: 978-3-640-89216-7.
- Matthias Quinzer. Rituale und Regeln. ISBN: 978-3-640-49850-5.
- Peter-Michael Schulz. Rituale und Zeremonien als soziokulturelles Gut. ISBN: 978-3-656-51966-9.